捏造の日本古代史

日本書紀の解析と古墳分布の実態から解く

相原精次

えにし書房

はじめに

二〇一五（平成二十七）年、戦後七十年という言葉をよく耳にした。一九四二年生まれである私自身にとってこの七十年というのはほとんど自分の人生そのものにあたる時間である。言うなら「戦後七十年」とはわが生涯、ということであって、ふと思ったとき、「戦前」という時間、明治・大正・昭和（前半）と私の生涯とがほとんど等しい時間であることに気づいた。そして改めて思った。明治維新以降から敗戦まで戦前の約七十年の方が自分のイメージの中では私の生涯以上にずっと長い時間であったと。

それにしても「戦前」は何と変転きわまりない時間だったろう。この時間を編年風に辿ってみると、それはまるで戦争のあとを追いかけているようなそんな七十年であり、そのためだろうか平和ボケしてしまったような戦後の七十年とはだいぶイメージが違う。

戦後が、平和であったことはめでたいことなのだが、ふと思うと、戦前の七十数年がどうして「敗戦」という状況で終了したのかという反省には至らないまま、この重大な「戦後」の七十年を、ある観点に立てば無為に過ごしすぎてきたのではないか、そんな気がする。その観点とは古代史のゆがみということである。

この「無為に過ごした」七十年は、これからくる時間に対して無責任な課題を残してしまったのではないか。とりわけわが国の古代史の問題において。

戦争史でもあった「戦前」という時代の背後に据えられていたのは「古代史」の虚像だった。こんな大きなテーマが、戦後七十年間「言わぬが華」として、意図的に追求することを回避してきたのではないか。

そんなことを思いながら、言わずに来てしまった問題とは何かを、本書で考えてみたいと思うのである。

捏造の日本古代史——日本書紀の解析と古墳分布の実態から解く　目次

第2章 『日本書紀』解体

第3章　「古墳」が語る古代史の真実

第1章　近代（戦前）が捏造した「古代史」

I 「大化改新」と「明治維新」の類似点

1 「大化改新」と「明治維新」は双子の兄弟である

突然標題に〈「大化改新」と「明治維新」は双子の兄弟である〉などと示すと「これは何だ?・」と思われるのではないか。しかし、奇をてらって述べたつもりはない。いたって本気に、まじめに発想しての標題である。

十六世紀末での天正《てんしょう》遣欧使節団のことや十七世紀における長崎出島などの例外は一部あるものの、列島に暮らしていたわが国の大多数は地球規模で見る「世界」を知らずに安眠していた。

「泰平の眠りを覚ます上喜撰(蒸気船)たった四杯で夜も眠れず」というのは開国当時の世相をありのままに詠んでいる。迫ってくる異様な風体をした「異国人」を前にしてうろたえ、巨大な黒く塗られた鉄の戦艦を見て和船以外見たこともなかった当時の人びとの驚きを、上質のお茶を飲んで眠れないことと引っかけて軽妙に詠み込んだ狂歌である。

いよいよ異国を知るようになってくると「文明」の遅れをいやでも自覚せざるを得なかった。好奇心に富んだ当時の人びとは少しでも早く「異国」と対等にふるまうため、対外的にも通用する規範に裏打ちされた明確な「近代国家」の必要性を痛感して、急遽そうした「国」を作り、内外に示すことになった。

日本近代の始まりを意味する「明治維新」とは西洋列強から強引にうながされ、かなりあわててなされた「開国」、「開港」という意味の言葉である。そのおり国家の基本を明示する「憲法」を備え、かつ国の威信を示せる「悠久な歴史」に裏打ちされた「近代国家」の必要性を思い、憲法の制定と「修史」の必要性を感じた。

「修史」というのは歴史書を編纂することである。新政府は一八六八（慶応四・明治元）年一月には「五箇条の誓文」をもとにした「政体書」を布告し「国家」の体制を整え、迫ってくる諸外国に備えた。そうした状況の中で「修史《しゅうし》の詔《みことのり》」（一八六九・明治二年）が発せられ、一方で憲法の制定が模索され、いよいよ「大日本帝国憲法の制定」（一八八九・明治二十二年二月十一日発布、翌年十一月二十九日施行）と続いたのであった。

実はこれによく似た状況が古代、「飛鳥時代」にも起こっていた。こちらも「律令制度」への模索の作業と並行しながら「修史活動」が展開されていよいよ『日本書紀（日本紀）』（七二〇・元正天皇、養老四年五月）という活動の集大成が完成するのである。

【注・修史局】　明治初年に設置された政府の歴史編纂所。大政奉還後、明治政府は王政復古の立場から1869（明治2）年、修史の詔を発布して国史編輯局を開設、三条実美を総裁として歴史編纂事業を開始した。その事業の一部として完成した最初の官製明治維新史が《復古記》（1889年完成、930巻）であり、同書は王政復古に功労があった諸藩の事績を顕彰するための戊辰戦争の戦功録であった。こうして明治国家の正統性と権威を確立する立場から、当時の歴史編纂事業が発足した。その役割を果たすうえで、1872年国史編輯局は太政官制のもとで歴史課と改称され、また75年に修史局、77年には修史館となった。86年には内閣制度の施行下で内閣臨時修史局となったが、その2年後、同局は廃止されて、業務は東京帝国大学の史料編纂掛（1929年史料編纂所と改称）に移管された。　（平凡社・「世界大百科事典」より）

この類似した二つの時代の様子について近代の学者はそれぞれに「大化改新」、そして「明治維新」と名づけた。ここで使われた単語、「大化」「改新」「維新」はどれも『日本書紀』に出てくる言葉である。これらに新たに「明治」という元号を加え、これらを駆使して「大化改新」「明治維新」という四文字の歴史用語の熟語を作ったのは近代の明治という時代だったのである。

この両方の時代にあった「修史活動」の展開の仕方を見ることによって、その類似性をさらに確認してみたい。

2 国際社会への船出と「修史」

「修史」の意味

明治新政府は国家建設の重要な方向性として、「国家の成り立ち」を語るため太政官に「修史」を司る部署を設けた。一八六九（明治二）年、明治天皇の発した「修史《しゅうし》の詔《みことのり》」に史局設置の意図を次のように述べている。

「修史ハ万世不朽ノ大典……鎌倉已降／武門専権ノ弊ヲ革除シ、政務ヲ振興セリ、故ニ史局ヲ開キ祖宗ノ芳躅《ほうたく》ヲ継キ、大ニ文教ヲ天下ニ施サント欲シ……」

この「修史の詔」に「過去のある時代に範をとる」とあるのは、かつて藤原不比等《ふじわらのふひと》がその完成を見とどけた『日本書紀』（『日本紀』？）編纂に相当する近代における歴史編纂活動の意味である。

明治時代はまずその古代の『日本書紀』を筆頭に置いて「六国史《りっこくし》」を定め、これを「国史」と位置づけた。またこの活動が「鎌倉時代以降武門が権力の中心になって弊害が起こった」そのことの混乱を正す意図を含んでいた。

このことは中世以降の「幕府を中心に据えた歴史」から「王政を復古させる」方向の確認であり、これは明治維新政府が当初に掲げた理念の具現化であった。

その後この修史活動には多少の曲折があり、一八八二（明治十五）年には漢文体での編年修史『大日本編年史』の編纂事業が開始されることになった。この修史事業の主幹として携わったのが重野安繹《しげのやすつぐ》であった。重野は中国清代の考証学派の方法論のもとに実証主義に基づく史学を提唱し、実践していた。一方、編纂者の中には徳川光圀《とくがわみつくに》による『大日本史』の基本を踏襲したいとの意図でこの事業に参画していた人もあった。

重野はその頃「抹殺論《まっさつろん》」などと呼ばれる論を展開していた。それは南朝を重んじる『太平記』の語る児島高徳《こじまたかのり》らの実在性を否認するというもので、これが抹殺論と呼ばれた。この考え方は水戸派のめざす方向と違っており、一方、重野と方向を同じくし、修史編纂事業での主力の一人であった久米邦武《くめくにたけ》は一八九二（明治二十五）年に「神道ハ祭天ノ古俗」という文章を発表した。このことがいよいよ国学系・水戸学系の歴史家や神道家を刺激することとなり、久米は帝大文科大学教授兼史誌編纂掛の職を追われた。

翌年、井上毅《こわし》文相は『大日本編年史』の編纂事業を中止し、「史誌編纂掛」という彼の役職の廃止をうちだした。重野もこのことによって編纂委員長嘱託罷免となり帝大教授を辞職することになった。

これは学問の自由に対する象徴的な抑圧事件の嚆矢《こうし》であり、これ以降、日本の歴史学が天皇制、そしてその周辺に関わる様々な分野での研究や発言をタブー視する風潮を作り上げてゆく元となった。これによって歴史の学問研究での成果と、学校でなされる歴史教育の内容とは分離して当然という方向性が明確化し、さらには歴史学そのものへの圧迫という方向に走っていったのであった。

古代における修史活動

この部分を述べるに当たってまず『日本書紀』そのものの中に使われている様々な単語、用語の理解について、簡単に述べておきたい。例えば『日本書紀』自体の名にも使われている「日本」という言葉、あるいは「天皇」や「皇太子」、そして人物の官職名等々の用語理解の仕方に対する留意の問題である。それらの語がいつ頃成立した言葉なのかなど、注意して読み進める必要があるからである。

例えば『日本書紀』という書物の名にしても編纂された当時と、現代での「日本」の意味する概念との隔たりを確認しないと、とんでもない誤解が生ずる（これは後ほど詳述する）。また「国」という言葉はいろいろ複雑な要素を持っている。いわゆる「国」という集団は地域ごとに様々独自の政権を保持して、近代、江戸時代までは「藩」の名での「国」があり、これが解体され総合して近代における「国家」が生まれた。古代の七・八世紀頃には「国郡制度」以前の国々があり、これが次第に統一されて、巨大勢力に成長した政治組織に統合される。そして中央集権化してゆくことによって近代のいう国家概念に近い「国」というものに成長していった。

こう述べると、三世紀には纒向《まきむく》地域にあった政権が、あたかも列島全体に及ぶ中央集権体制をすでに完成していたかのような「常識」がかなり強引な形で席巻していることへの疑問を禁じ得ない。この説、戦前の概念とは違うとして、「大和朝廷」という表現を避けながらも、その根底には払拭できない戦前の国史の影が生きており、このことを筆頭に同様な部分に影響しつつ現在の古代史に反映されているのである。それらのゆがみは『日本書紀』を虚心になって読めば理解でき、あるいは「日本列島全体に分布する古墳」の実態を虚心になってありのままに見ればすぐわかることである。

それがどの部分に見られるかを語るのが本書の目的でもある。この真意は徐々に深まることになるが簡単に述べれば、『日本書紀』の完成よりわずか前の時代まで、いわば飛鳥の地にはまだ本格的な中央集権国家は完成していなかった。ちょうどそれは戦国時代の大名が割拠していた時代に似ていたと考えられる。

わが国の古代での、近代のイメージに近い「国家」の成立は飛鳥時代を経て、いわゆる奈良時代と呼ばれる平城京が造営された時代に「大宝律令」が完成し、国郡制も明確に整うことによって中央集権化もはっきり見えてきたと考えられる。『日本書紀』を読むと、そうした編纂時の状況が、ずっと古い時代をのべている中にも自ずから反映してしまっていることが多々ある。その代表的な言葉といえば「日本」であり、「天皇」という言葉であると言えるだろう。

これは第2章の「『日本書紀』を読む場合の留意点」で詳述する。

初歩的集団であった時代は伝承的な「歴史」で足りていたものだが、「国際的」な顔を持つ段階では、整った「歴史」が必要になる。歴史が整うということ、つまり「修史」が整うということは初歩的な集合体に過ぎなかった一勢力が「国際化」できることのシンボルであって、その完成が急がれたのであった。

そしてわが国の歴史の中では二度、大きなエポックがあった。第一が飛鳥から平城京に移る七世紀と八世紀の境目あたりであり、第二が十九世紀と二十世紀との移行期、いわゆる明治維新の前後である。ともに「律令」または「憲法」という制度の成文化と合わせて「修史」作業の推進、という共通点を持っていた。先に「双子の兄弟」と言ったのはその意味である。

古代に行われた「修史」活動について確認してみよう。

『日本書紀』に書かれている「修史」に関わることは、中国では隋《ずい》が滅び、唐《とう》が建国（六一八年）した頃、ということになる。この政争の余波は様々な形で極東の各地におよんだ。その当時、列島内にあった政権はどうだったろう。しばらく『日本書紀』の記事に従って、年を追って確認すると以下のようになる。

推古八（六〇〇）年、朝鮮半島では任那《みまな》をねらう新羅《しらぎ》と高句麗《こうくり》と百済が協力関係のもとで戦いをしていた。当時、畿内（後世の概念だが、便宜上使用する）にあった政権は万余の兵を任那に送り込んだりしていた。

推古十（六〇二）年、百済は僧観勒《かんろく》に暦本などを畿内政権にもたらしている。

推古十一（六〇三）年、「冠位十二階」制定。

推古二十六（六一八）年、視野を中国にまで広げてみると、隋が滅亡し、時代はまさに唐に変わろうとする渾沌の中にあった。そうした中で女帝は隋に宛てて盛んに使者を送っている。（『日本書紀』ではこの部分、なぜか「隋」のはずの国名を「唐」と書いている。）

推古二十八（六二〇）年、「是の歳」の記事に、皇太子・嶋大臣は共に議して、天皇記及び国記、臣・連・伴造・国造、百八十部、并せて公民等の本記を録した。

とある。

これからおよそ三十年近い時が流れ、皇極《こうぎょく》四（六四五）年六月十三日、大きな政変が起きて、この時に歴史書が焼かれそうになった。当時政治の中枢で活動していた大臣の蘇我蝦夷《そがのえみし》、その息子鞍作《くらづくり》（入鹿《いるか》）の親子は権力の転覆を謀議しているとの嫌疑のもとで、命をねらわれたのだった。身の危険が迫った二人は、天皇記・国記・珍宝をことごとく焼こうとしたが船史恵尺《ふねのふひとえさか》が、焼かれそうになった国記を拾い上げて中大兄（『日本書紀』には一度も「皇子」のついた「中大兄」は登場しない）に奉献した、と『日本書紀』は語る。

この政変を近代の歴史学は「大化改新」とか「乙巳《いっし》の変」という名で呼んでいる。

「大化改新」という名のついた理由は、これまでの政治組織が「官僚制度」の初期的な展開であったのに対して、この事件以降は一気に制度も整い、権力が磐石になっていった状況がうかがえるからである。ところでここにいう「官僚制度」というのは「一定の合理的な方法で編成された行政組織が、そのことにより社会に対して統制力を発揮するに至ったとき、そのような作用、または作用の中核となる組織自体をさして用いられる言葉である」（平凡社・世界大百科事典）という意味であるが、この制度もまだ段階的な発展過程の中にあって、当時、こうした政治組織はまだ単独の覇者のものというものではなく、当時権力は並列して存在しているという状況であった。

大化三（六四七）年、「七色十三階」制定。

この日、外国からの賓客を迎えるという名目のもとに仕組まれた儀式の最中に蘇我臣蝦夷及び鞍作（入鹿）は中大兄と鎌子とによって殺されている。これを機に中大兄と鎌子は蘇我氏に代わって政治中枢の権力を担うきっかけを作ったのだった。

これが「乙巳の変」と呼ばれる政権交代劇である。またこの騒動によって形成された新しい政権は、多くの制度や割拠していた勢力を糾合し、「国家」形成への基礎を作っていった。その一ステップであった政権交代劇を近代の歴史学は「大化改新」と名づけたのである。

この時点より後世に成立している『日本書紀』であるが、編者は完成に向けて編纂活動を進める際、おそらくここに述べられている難を逃れた「国記」なども重要な史料として、利用していたに違いない。

天智元年（六六八）年、「近江令」制定。

天武十（六八一）年三月十七日の記事には、

天皇は大極殿に御して川嶋皇子《かわしまのみこ》・忍壁皇子《おさかべのみこ》・広瀬王《ひろせのおおきみ》・竹田王《たけだのおおきみ》・桑田王《くわたのおおきみ》・三野王《みののおおきみ》・大錦下《だいきんげ》上毛野《かみつけの》君《きみ》三千《みちぢ》・小錦中《しょうきんちゅう》忌部連首《いんべのむらじおびと》・小錦下《しょうきんげ》阿曇連稲敷《あずみのむらじいなしき》・難波連大形《なにわのむらじおおかた》・大山上《だいせんじょう》中臣連大嶋《なかとみのむらじおおしま》・大山下《だいせんげ》平群臣《へぐりのおみ》子首《こびと》に詔して、帝紀及び上古の諸事を記し定めさせた。大嶋・子首は親しく筆を執って以て録《しる》した。

とある。

なお、部分の「天皇・皇太子・大臣……」等の用字については『日本書紀』の記述のままとした。

ところで、ここに「蘇我」と書かれている勢力の方が、この出来事の展開した時点では権力の中心にあった可能性も考えられる。そのことを本論からははずれるが、ひとこと述べておきたい。それというのも『日本書紀』の記述そのものから身分・官職名などをはずし、単なる人物名だけにして読んだとき、ここでは明らかに「蘇我」の権力に対し、正面から歯向かうには力の足りない勢力が、虚を突いて起こした話として展開しているからである。

それでいながら人物に配された用語を見れば「越権した蘇我氏・横暴な蘇我氏」かのように思える内容として語る一面も持っている。これは編纂時の時代の用語を使っていることによる混乱であり、最終編纂者の意図もからみ、この出来事の勝者や現政権へのおもんぱかりも働いて、登場人物に意図的に「現代用語」を冠して語っている可能性もあるのかもしれない。（この部分は一二三ページの〈持統女帝と神話　女帝と「天皇・神」の概念〉の項を参照願いたい）

もとの論をもう少し続けよう。

その後、

天武十四（六八五）年、「諸臣四十八階」制定。このように「律令制度」整備の進捗《しんちょく》と「修史」の活動とが絡み合うように充実してきた時代性がわかる。

持統三（六八九）年、「飛鳥浄御原令」発令。

そして、政治の舞台は飛鳥の地から平城京に移っていった。ここ以降は奈良時代を語る『続日本紀』の記事によって確認していくことになる。

大宝元（七〇一）年、「大宝律令」制定。「諸臣三十階」制定。

元明天皇和銅七（七一四）年二月十日の記事に、

　従六位上の紀朝臣《きのあそみ》清人《きよひと》と正八位下の三宅臣藤麻呂《みやけのおみふじまろ》に国史撰修の詔《みことのり》出る。

元正天皇養老四（七二〇）年五月二十一日、

一品舎人《とねり》親王は勅《みことのり》を奉じて「日本紀」を修す。ここに至りて功成り、奏上す。紀三十巻、系図一巻。

ここに歴史書の完成したことが記されている。推古天皇二十八（六二〇）年に始まった修史活動はちょうど百年目になる年に完成を見たのである。ただここには「日本紀を修す」とあって、『日本書紀』とは書かれていない。このことについて『万葉集』などを見ると『日本紀』と『日本書紀』は別の本かのように記されている部分もあり、かつ、『日本紀』表記の方がはるかに多いので、いささか気になるが、ただ現在の歴史学ではほとんど議論にはなっておらず、これを以て『日本書紀』の完成とされている。

ここまでは『日本書紀』そして『続日本紀』に書かれていることをもとにして述べたが、『古事記』「序文」にも「修史」のことが出てくる。そちらの方も確認しておきたい。その序文中『古事記』が編纂されることになった状況を、

天皇は旧辞の誤りを恐れ、先紀の間違いを正すべく、和銅五年正月二十八日、臣の安満侶《やすまろ》に詔し、稗《ひえ》田阿礼《だのあれ》の暗誦していた勅語・旧辞を撰録して献上するようにと命じた。そこで謹んで詔に沿って子細を取りひろった。

と述べている。

ここに「旧辞の誤り・先紀の間違い」をただすことが目的だとし、その発案者が「天皇」であると書かれており、末尾に、「和銅五年正月二十八日」に書かれたものであることを記している。「和銅五年」を西暦になおすと七一二年であり、ここにいう「天皇」とは元明天皇のことになる。この記事に従えば『日本書紀』の編纂終了より八年前に『古事記』の方は成立していたということになる。

近代における修史活動

修史に関わる明治時代での動きを編年風にまとめると以下のようになる。

一八六九（明治二）年　修史の詔。太政官に史料編輯国史校正局設置。正史意識の表れである『六国史』の確認とともに、その伝統を継ぐという意識のもとで、歴史の編纂事業を開始することの声明だった。

一八七五（明治八）年　史料編輯国史校正局を改め修史局とする。重野安繹がここに関わる。

一八七七（明治十）年　修史局廃止。太政官に調査局、ついで修史館を置く。『大日本史』を準勅撰史書と定める。

一八八一（明治十四）年　神道事務局内に皇典講究科設置。のち独立して皇典講究所となった。修史館の機構改革。重野安繹・久米邦武・星野恒が主導権を掌握。

一八八二（明治十五）年　修史館で『大日本編年史』の編纂事業開始。

一八八六（明治十九）年　修史館を改組し内閣に臨時修史局を設置。

一八八八（明治二十一）年　内閣臨時修史局を帝大に移管し臨時編年史編纂掛設置。重野安繹、帝国

一八八九（明治二十二）年 大学文化大学教授となり歴史学に実証的方法を用いる。

一八九一（明治二十四）年 臨時編年史編纂掛『復古記』を完成。

一八九二（明治二十五）年 帝大臨時編年史編纂掛および地誌編纂掛を改組し史誌編纂掛を設置。

一八九三（明治二十六）年 久米、筆禍事件により帝大文科大学教授を非職処分。

一八九五（明治二十八）年 井上毅文相、『大日本編年史』編纂事業を中止し、史誌編纂掛を廃止。重野が帝大教授辞職。

一八九五（明治二十八）年 帝大に史料編纂掛設置。

一九〇一（明治三十四）年 東京帝大史料編纂掛『大日本史料』の刊行開始。

3 「国史・国体」と「神話」

「国体」

一九三七（昭和十二）年に国は文部省による編纂として『国体の本義』を著している。

大日本帝国は、万世一系の天皇皇祖の神勅を奉じて永遠にこれを統治し給ふ。これ、我が万古不易の国体である。而してこの大義に基づき、一大家族国家として億兆一心聖旨を奉体して、克く忠孝の美徳を発揮する。（「第一」の冒頭）

このような文章で始まる『国体の本義』は、広く国民に国家の根本体制について語り、かつそこに生きる国民のあるべき姿について訴えている。全体に流れている主題は、「世界における日本の重大な役割の自覚」であり、「国のあり方が国の歴史のなかに表現されている姿を一般民衆に充分説き聞かせ」ることによって「国民としての自覚と努力とを促す」ことを目的に編集された、と述べられている。

明治時代には、その是非が議論されながら展開していた神話教育であるが、昭和に入るとそんな議論があったことなどはもはや夢のことになった。

一九四〇（昭和十五）年に発行された『国史と神話』という書物は、発行された年のこともあわせ考えると、当時の時代相がどういう状況にあったかをよく窺うことができる。著者の松村武雄は世界の神話と日本の神話との比較検討を加えるなど、当時の神話学の第一人者として知られた人だった。『国史と神話』の「序言」に、日本の神話が世界にあっても独特のものであることを次のように述べている。

神話を目して、たはいもない空想的な作り話と考へてゐた時代は、もう過ぎ去りました。神話とお伽噺とを混同するやうな者があつたら、その人は知見と情感とに於いて悲しむべき一種の不具者であるとしなくてはなりません。

神話は、われわれの遠い祖先たちの実生活上の経験と知識とを基盤とするところの自然解釈であり、またそれ以上に文化解釈であります。その意味に於いて神話は、古い昔の人々の物質的並びに精神的な生活をありのままに映し出してゐるところの曇りなき鏡であります。もしわれわれがまだ何等の文献も存しなかつた時代の遠い祖先の生活や理念を窺ひ知らうとするならば、どうしても神話によりかかるほかはありません。考古学的な様々の発掘物も、かうしたことを知るに有力な資料ではありますが神話はそれ以上に多面的に古代を語つてくれるのであります。

　殊にわが国に於いては、他のもろもろの国と違つて神話のうちに起伏開闔してゐる民族的精神なり理念なりが、今の世にもいきつづけてゐます。有史以前のわれわれの祖先の胸に燃えてゐたものが、今日のわれわれの血のなかに脈脈として活きて動いてゐます。神話を心読してわれわれ自身を再発見することになります。」

※漢字の旧字体を新字体に置き換えた以外、原文をそのまま引用した。なお本文中の「開闔」は「かいこう」と読み、「ひらき・とじる」ことで古来「出納・監査」などの職名に使われた言葉で、ここでの使用は「神話のうちに起伏開闔してゐる」（神話のなかに展開している）といった意味になる。

　この「序言」引用部の後半にある「殊《こと》に我が国に於いては……今日のわれわれの血のなかに脈脈として活きて動いてゐます」の部分の具体的な意味は、『日本書紀』（神代巻・下）にある「葦原《あしはら》の千五百秋《ちいおあき》の瑞《みず》穂国《ほのくに》は、これわが子孫の王たるべき地なり。……」の部分を指しており、筆者自身の論として、日本神話は「縦に、時間的につながり流れて」いることに特徴があって、それは「日本国家の成立の史的経過を究め知ることが本願」であり、そこに「国史」の「神話」との重要な関係があると述べている。

　同筆者は「第二篇　羅馬神話と日本神話」では世界の神話と日本神話を比較して、ローマ神話と日本神話の似ているところがあるとまず指摘する。

　二つの神話はインド神話・ギリシャ神話・北欧神話などと違って、ともに「国家意識が強い神話」である点は共通する。一方、両者の最も違うところはローマ神話では「治めるべき土地・治める者」とが「制

飛鳥時代から奈良時代にわたる古代修史活動の推移

『日本書紀』	
推古天皇28（620）年	是の歳皇太子・嶋大臣は共に議して、天皇記及び国記、臣・連・伴造・国造、百八十部、并せて公民等の本記を録した。
皇極天皇4（645）年6月13日	蘇我臣蝦夷等は誅されようとして悉く天皇記・国記・珍宝を焼いた。船史恵尺は即ち疾く、焼かれる国記を取り、中大兄に奉献した。是の日に蘇我臣蝦夷及び鞍作の屍を墓に葬ることを許した。復哭泣を許した。
天武天皇10（681）年3月17日	天皇は大極殿に御して川嶋皇子・忍壁皇子・広瀬王・竹田皇子・桑田王・三野王・大錦下上毛野君三千・小錦中忌部連首・小錦下阿曇連稲敷・難波連大形・大山上中臣連大嶋・大山下平群臣子首に詔して、帝紀及び上古の諸事を記し定めさせた。大嶋・子首は親しく筆を執って以て録した。
『続日本紀』	
元明天皇和銅7（714）年2月10日	従六位上の紀朝臣清人と正八位下の三宅臣藤麻呂に詔し、国史を撰修させた。
元正天皇養老4（720）年5月21日	一品舎人親王は勅を奉じて日本紀を修す。ここに至りて功成り、奏上す。紀三十巻、系図一巻。
『古事記』序文	
天皇は旧辞の誤りを恐れ、先紀の間違いを正すべく、和銅四年九月十八日、臣の安満侶に詔し、稗田阿礼の暗誦していた勅語・旧辞を撰録して献上するようにと命じた。そこで謹んで詔に沿って子細を取りひろった。	

近代日本発足時における修史活動の推移

1869（明治2）年	修史の詔。太政官に史料編輯国史校正局設置。
1875（明治8）年	史料編輯国史校正局を改め修史局とする。
1877（明治10）年	修史局廃止。太政官に調査局、ついで修史館を置く。
1881（明治14）年	神道事務局内に皇典講究科設置。のち独立して皇典講究所となった。修史館の機構改革。重野安繹・久米邦武・星野恒が主導権を掌握。
1882（明治15）年	修史館で『大日本編年史』の編纂事業開始。
1886（明治19）年	修史館を改組し内閣に臨時修史局を設置。
1888（明治21）年	内閣臨時修史局を帝大に移管し臨時編年史編纂掛設置。
1889（明治22）年	臨時編年史編纂掛『復古記』を完成。
1891（明治24）年	帝大臨時編年史編纂掛および地誌編纂掛を改組し史誌編纂掛を設置。
1892（明治25）年	久米、筆禍事件により帝大文科大学教授を非職処分。
1893（明治26）年	井上毅文相、『大日本編年史』編纂事業を中止し史誌編纂掛を廃止。重野の帝
1895（明治28）年	帝大に史料編纂掛設置。
1901（明治34）年	東京帝大史料編纂掛『大日本史料』の刊行開始

服者・入植者」の関係であるのに対し、日本神話では「生成した神」↓「造られた大地」であり、これは「血を分け合った関係」になっている。かつ、治められる者（国民）はその「造られた大地」に「同じく血を分け合った王者」がきて「その土地を治めるのを待っている」関係であるという。また、ローマ神話は「民衆相互間の関係」であるのに対して、日本の神話は「神の血筋にある統治者及び統治者のものとしての国家」を主とした上に成り立つ「皇室及び臣民の関係」なのだと述べている。

言い方を変えると、わが国民は独自に作られた列島に、皇室とともに独自に始まった同一血族による国民であることを神話が教えてくれている、というのである。

教育と「神話」

国民の心を一つにまとめるそのことの徹底を期すために、明治政府は歴史の問題とともに教育を重視した。以下教育行政における歴史問題について年表風にして追ってみよう。なおこの部分の構成には『歴史教科書は古代をどう描いてきたか』（勅使河原彰著・新日本出版社）に負うところが多かった。

明治期の教育と歴史・「文部省と学制」

一八六九（明治二）年　「修史の詔」。新聞紙印行条例・出版条例、公布。
一八七一（明治四）年　文部省設置、学校制度の整備。
一八七二（明治五）年　学制の発布。六歳以上の男女を学校に通わせることを定める。
　　　　　　　　　　　歴史教科書『史略』刊行。まだ国定や検定にはなっていない。
一八八〇（明治十三）年　文部省は、各学校が教科書としている書物の内容を調査。

一八八一（明治十四）年　「小学校教則綱領」公布。

尊皇愛国の志気を養成する内容を持たない本を教科書とすることを禁止し、学校での教科書採択は届け出て認可を受けることになる。一方教科書内容の統制に危惧を抱く考えも出てきていた。三宅米吉の「小学歴史科に関する一考察」（『東京茗渓会雑誌』一一～一四〈一八八三年～八四年〉）の中の「神代ノ事」で『記紀』に書かれた内容をもとにした教科書の記述について「之ヲ通常歴史ヨリ逐ヒ出シテ別ニ諸学ノ理論ニヨリまた地質天文等ノ実物研究ニヨリテ穿鑿スヘキノミ」と主張した三宅自身は、王政復古の天皇制を肯定する立場にあった人なのだが、それでも「神代」を歴史分野から切りはなすべきだと述べた。それほどに当時の歴史に対する流れは急進していたのである。

一八八二（明治十五）年　漢文体編年修史『大日本編年史』編纂事業開始。

一八八六（明治十九）年　「帝国大学令」「小学校令」「中学校令」「師範学校令」を公布。

小学校令では六歳から十四歳を学齢と定め、前半の四年間を義務教育の尋常小学校とし、後半の四年間を高等小学校とした。このときから教科書は文部省による検定制度が取られ、尊皇愛国の志気を高めさせる内容のものになった。

一八八七（明治二十）年　文部省より「小学校歴史編纂旨意書」公示。

一八八八（明治二十一）年　文部省より『小学日本史』刊行。

三宅はその後も史学を「科学的研究法ニヨリ事蹟ヲ精確ニシ」との主張をつづける。同じ頃、那《な》珂通世《かみちよ》は「日本上古年代考」を出して『記紀』をもとにしている日本の紀年法について各国の歴史を比較して「人類ノ発達ヲ考究センニハ、信拠スベキ紀年ヲ得ル」べき、つまり世界に通用する紀元は『記・紀』に依るべきではない、と批判した。

この頃坪井正五郎は東京の芝公園にある古墳を発掘している。

（第3章　Ⅲ　明治が隠した古墳文化の項参照）


一八八九（明治二十二）年　大日本帝国憲法発布。

一八九〇（明治二十三）年　教育勅語発布。「第二次小学校令」公布。『高等小学校歴史』刊行。

一八九二（明治二十五）年　久米邦武はこの年「神道ハ祭典ノ古俗」という論文を発表。

久米は那珂通世の現行紀年法への危惧という考えに賛同しており、神話は歴史ではないとする論を展開。それがもとで東京大学の職を追われることになり、歴史の実証主義を唱える重野安繹『大日本編年史』編纂委員長罷免、帝大教授を辞職。

一九〇三（明治三十六）年　「小学校令」の改正。

小学校を尋常小学校と高等小学校に分けた。尋常小学校を四年間の義務教育とし、高等小学校は二年間の修学、そしてさらに二年間の延長が認められた。

教科書国定制度確定。

「小学校令」の改訂にともなって小学校の教科書は「文部省ニ於テ著作権ヲ有スルモノタルヘシ」とされた。

一九〇七（明治四十）年　「小学校令」改訂。

尋常小学校の修学期間が六年に延長され、高等小学校は二年、ただし三年まで延長できる、とされた。そして、これまで高等小学校の一・二年で教えていた初級の日本歴史を尋常小学校の五・六年で教えることになり、教科書も新たに『尋常小学日本歴史』巻一（一九〇九年）、巻二（一九一〇年）として刊行された。

一九一一（明治四十四）年　「南北朝正閏論《せいじゅんろん》」。

喜田貞吉《きたさだきち》は「南北朝正閏論」で吉野朝（南朝のこと）という言葉を使わず「南北朝」と表現した。このことによって文部省の休職を命じられた。当時、南朝を正統とするとの見解があったためである。

このような経過をたどりながら、学問的な「歴史の真実」とは無関係に、教育上の歴史が強調される「小学日本歴史」が強力に推進されていったのであった。

森鷗外の作品「かのやうに」

陸軍軍医でもあり、作家としても後世に名を残している森鷗外が当時急進的に進んでいった「歴史と神話」つまり「国史」に対して危惧を感じ、自己そのものの思考、そして存在の意味との葛藤を語った「かのように」という作品がある。この作品の意味を考えてみたい。

一八六二（文久二）年、石見国（現島根県）津和野に生まれた森林太郎（鷗外）は代々藩主亀井家の御典医という家柄の長男であり、幼少時から漢籍に親しみ、十一歳で父に連れられ上京してドイツ語を学んだ。十三歳の折は東京医学校の予科に、年齢が足りないため万延元（一八六〇）年の生まれとして応募して合格したと言われる。十六歳で医学校が東京開成校と合併して東京大学医学部となったとき、その本科生となった。

二十歳で学校を卒業し第一管区徴兵副医官となった。そして、すぐに陸軍衛生制度の調査官となり、二十三歳で国費の留学生としてドイツ留学を命ぜられ、八月に出発。二十七歳の七月に帰国した。まる四年間のドイツ生活だった。

この間医学の研鑽はもとより文芸や絵画などへの造詣も深めて帰国し、その後すぐ文芸活動も始めている。

そして日清戦争があり、日露戦争も始まった。日露戦争には第二軍の軍医部長として戦争にも加わっていた。幸い戦争には勝利したものの、この間、鷗外は国の歴史を「神話」というものでデフォルメし、それを背景に置いて戦争に傾いてゆく時代状況についてひどく疑問を抱いたのだった。しかし一方で自分は軍医部長として戦争にも加わる国家公務員である。この葛藤に日々苦しんでいたのであった。

明治四十五年「中央公論」にその葛藤を「かのやうに」という、一見奇妙な題の作品にして発表したのである。

登場人物は秀麿・その友人の二人である。作品はこの二人の対話という形をとるが、二人は鷗外自身の分身であって、鷗外の葛藤を立場の違う登場人物に託して述べているのである。

西洋の先進知識に触れてきた主人公は「神話と歴史を一つにして考えることはできない」と思っている。しかし、子爵である父親の手前、そんな意見を語り出せない自分が歯がゆく、神経衰弱になりそうなのである。

友人との会話の中で、かつて読んだファイヒンゲルの「かのやうにの哲学」を思い出す。これによれば、全ての価値は「意識した嘘」の上に成立している。どんな論理も、例えば数学でも「点と線があるかのように考えなくては、幾何学は成り立たない」と。この「かのように」という仮定が大切である、ということを改めて思うことによって自己内部の悩みを解消する方向にもっていくのである。

この作品について講談社刊「日本現代文学全集7『森鷗外』」巻末の作品解説で伊藤整は次のように語っている。

作品中の思想問題そのものが、幸徳秋水の大逆事件（明治四十三年）のあとの日本社会では、あからさまに扱ふことの困難なものであった。その実質は、上層官吏である著者自身が、人間社会を批判せずにゐられない文芸著作に携ることの矛盾に面して、その苦慮を述べたものとみていいであらう。日本に神道中心の国体といふものと、科学的真理といふものとの対立として、これはここで描かれている。社会思想の新しい展開は、現実にある国家観を抜け殻のやうなものに見えさせる。しかし秩序を保持する立場にある貴族は、そのうつろなものを、中身のあるもののやうに扱ふことで民衆の心を安定させなければならない。その点で鷗外はこの時代の新思潮にこの時直面してゐたわけである。

（「日本現代文学全集7『森鷗外』」巻末・作品解説より。伊藤整）

「かのやうに」を書いたときの鷗外は、このほぼ三十年後に、日本が第二次世界大戦に突入し、戦局が末期的になっても「一億総玉砕を」というスローガンのもとで国民になお戦争を強いた事実を知らない。日本は列島のほとんどの大都市を焦土とし、それだけでなく、広島・長崎に原子爆弾を投下され、無条件降伏をすることになる。

一方、この引用文の筆者・伊藤整は一九〇五（明治三十八）年の生まれで、無条件降伏の年は四十歳だった。そして一九六九（昭和四十四）年（六十四歳）の逝去であり、いわば第二次世界大戦に日本がどのようにかかわり、この戦争がどのように泥濘化《でいねいか》し、どのように敗戦したのかを最もくわしく見聞した世代だった。そしてさらに「戦後」がどのように展開しはじめたのかもはっきり確認していた世代であるともいえる。

ただその「戦後」は今日「七十年」という時を重ね、彼の体験した「戦後」はその内の半分程度の年月だった。つまり「戦後の民主主義」を体験しつつ、そこにある種の疑念を抱きながらも、その後の「戦後の後半」を知らずに亡くなっている。この文は一九六四（昭和三十九）年頃書かれたものである。「戦前」の鷗外が感じていた危惧について、「戦後」はガラリと世相が変わったように見えたが、果たして一新されたのだろうか。これについては、「Ⅲ　現行古代史の実相　戦後と古代史」のテーマとして後に述べたい。

「国史」に消されたもの

二〇〇〇年十一月に「旧石器時代の遺跡発掘」の結果の捏造《ねつぞう》が発覚した事件があった。考古学会もあわてたという出来事である。

どうしてこんなことが起こったのか。この問題を考えてみると、日本の歴史学界がわが国の古代の扱いをおろそかにして来たことに起因しているのではないかと思われる。

明治維新以来、日本は様々な分野で西洋の先進文化を取り入れた。そうした中で「モースの大森貝塚の発見」などに見られるように歴史学も近代の科学となり、それに付随して考古学の分野も新たに近代的な学問の仲間に入るという状況が始まったと言える。

ところが古代での「考古学」に関して、国の方針はその学問を推奨するという方向には進まなかった。文献に記載された資料の方を重んじるという言い方のもとに、考古学の分野の成果を意図的に疎んじたのである。その前駆となった出来事に、日本の古墳に関心を持ったイギリス人のガウランドの例がある。

これについてはこの後に詳細を検討するので、ここでは省略するが、考古学の分野の成果を意図的に疎んじた二・三の例をここに挙げれば、まず青森県の是川《これかわ》遺跡のことが思い出される。

是川石器時代遺跡は縄文時代晩期に属し、現在は国指定史跡になっている。青森県八戸市大字《おおあざ》是川にあって、是川遺跡・風張《かざはり》遺跡の総称である。この遺跡が発掘されたのは一九二〇（大正九）年のことだった。

当時は古代に関わる史跡は学者からもほとんど関心を持たれていなかった。しかし自分の住む身近から様々なものが発見され、これに関心を持った土地所有者の兄弟によってこの遺跡の実質的な調査が行われたのだった。

中居地区の特殊泥炭層からクルミ・トチ・ナラなどの種、木製の腕輪・耳飾り・土器・石器・土偶・骨角器などが豊富に出土した。なかでも藍胎漆器《らんたいしっき》や赤漆塗りの木製品類など漆に関わる出土品などは珍しいものであったため、さすがにこれについては何人かの学者からも関心を持たれることになった。土器の編年史を手がけていた山内清男《すがお》、陸軍にありながら古代史に関心を持っていた大山柏《かしわ》などがその主な人たちで、とりわけ山内は当時「先史時代」などとも呼ばれていた縄文時代・弥生時代などに多くの関心を向け、大正時代末には「石器時代にも稲あり」の論文を出すなどの活動もあった人物だった。

ただ、多くの議論を呼びながらも、やはり時代の流れのなかで関心は一部の学者のみが承知するだけで、公の組織は動くこともなく、当然、一般国民の知るところとはならなかった。出土した遺物は遺跡の土地所有者が私的に大切に保管し、それら総数六千点あまりの遺物は、戦後になって八戸市に寄贈され、八戸市立歴史民俗資料館の収蔵品となって今日に伝えられている。その後、遺跡の重要さの認識が変わって、戦後も十年以上経った一九五七（昭和三十二）年七月一日に国の史跡指定を受け、さらに、それから五年後に出土品の六百三十三点が国の重要文化財に指定されたのだ。

同じく縄文時代について言えば、焼き物のなかに土偶が多いのもこの時代の特徴である。なかでもちょうど雪原などでサングラスをかけているかのように見えるため、「遮光器《しゃこうき》土器」（光を遮る）という名称の土偶のことはよく知られている。この形のものは、青森県つがる市木造《きづくり》の亀ヶ岡《かめがおか》遺跡で最初に発掘されたもので、その後も主に東北の縄文時代遺跡から発掘されている。これらはすでに江戸時代末期から好事家《こうずか》の注目する物件だったが、明治になって以降、学問の世界では軽視される方向にあったため、一般の人が「縄文文化」「縄文土偶」に関心を示すのは戦後になってからだった。

こうした事実に見るように、考古学の成果に関して歴史学会は冷たい扱いだった。どうして明治時代、これらを疎んじたのだろうか。

明治新政府は国の成り立ちについて、「神話」の形で語られる古代史として『古事記』『日本書紀』の一部をとりわけ強調しつつ、これを「文献」の名のもとに最大の史料とした。このことによってある時代より古い時代に関しては、考古学の分野で確認されるような「物的に証明される」ことなどはむしろ邪魔なものであった。神話で語られる古代のイメージが崩れてしまうからである。

この分野に関心を持つ者は「異端者」であり「変人」または「国賊」扱いだった。いきおい「古い時代」の解明は、ほとんどが素人の手探り状態の活動に支えられていたのである。こうした「伝統」は戦後になっても払拭できずに、今日に至ってなお生きていると言える。先の「旧石器時代の遺跡発掘」の捏造事件も民間研究団体に属し、かつその活動がある程度認められていた人物が関わっていた事件だった。

次の文はある考古学者の慨嘆である。

個別的な現象の形態論的研究にとどまって記紀の盲信に根ざした古代史体系に踏み込まないかぎり、考古学は「研究の自由」を、ちょうど日陰の雑草のように、保証された……。（「戦後日本の考古学の反省と課題」近藤義郎――『日本考古学の諸問題』考古学研究会十周年論文集――所収・一九六四年）

心ある学者も「個別的な現象の形態論的研究にとどまって」いるかぎり安心して、それなりの活動が許され、専門家は古代史を語るとき無難な「形態論」の中にしがみついていたのだった。

この傾向は多分に現在の「考古学」の中にも伝統のように残っていると言えるだろう。鏡にも、古墳にも、あるいは焼き物にも、つきものは「型式」の論理である。それなりに意味のある場合もあるが、焼き物の「型式」などはあまりにもマニアックに細かくなり、その専門家以外は入り込む余地もない状況になっていると私は感じている。たとえば「庄内式」「布留式」という分け方がある。

この型の違い、それが編年されるとどうなるかなど、多少説明を聞いてもなかなか理解できない。しかし、近頃「纏向遺跡」が古い遺跡であることを語るために、この二つの型式をさらに細分して「纏向1類～5類」と分け、この中をさらに「前・中・後」と分ける。これは「纏向式」と呼ばれ西暦一〇〇年の途中頃から三〇〇年頃まで約三百年足らずの間を少なくとも六分割している。これなどは「考古学」イコール「型式学」であるように思えてしまう代表的な例である。

かつて古代史に関わる画期的な発見の多くが素人の手によるものだった。そうした状況の中で、「旧石器時代の捏造」問題は起こった。そして考古学は歴史学の中ではいまだに亜流なのである。

これらの問題とも大いに関わる例として「古墳」を挙げることができる。目の前にあっても「ない」に等しい形で扱われて来た。とりわけ「東国」の古墳は戦後になってもそうだった。実は、古墳に関するこうしたあり方は単に「東国」だけではなく、現行の日本古代史を語る際、喧伝される古墳は関西であっても飛鳥や河内地区にある、それも一部の古墳だけなのである。そこにある真意は、「国史」の語る歴史の流れでは説明しづらいような地域の古代についてはなるべく問題にしない、これはたとえ畿内にあるものであっても同様である。まして、東国の古墳などはなおさらということになる。

戦前の「国史」では「縄文時代」も「弥生時代」も必要のない時代だった。せっかく近代化して、歴史の学問も新しい段階に入り、エドワード・S・モースが一八七七（明治十）年に大森貝塚から土器を発見したのをきっかけとして、始動し始めた「古代史分野」だったが、戦前、そして戦後にかけても「先史時代」という奇妙な言い方で括られるあり方が主流でさえあった。ちなみに「先史時代」とは、

考古学における時代区分の一つ。文献記録という意味での歴史が出現する前の時代。これに対して文献記録の不十分な時代を原史時代、豊富な時代を歴史時代と呼ぶ。日本では、弥生時代までを先史時代、古墳時代を原史時代として扱う。しかし《魏志倭人伝》の存在を重視して、弥生時代を原史時代に含める人もある。また歴史は人類出現以来存在するという立場の人は、先史、原史、歴史の区分自体を認めていない。（平凡社・『世界大百科事典』より）

「文献学」という言葉があり、実証資料を「文献にたどれるか」ということを第一と考える見方である。こうした中で「古墳時代」という時代区分名は微妙である。というのも近代の歴史学（「文献学」）が最も重要な書物、とする『日本書紀』では天皇陵の記事、及び古墳のことかと思われる「古代の墓」に関しての話題もほんのわずかながら、出てくる。ただここにある記事は古墳の実態とは全く異なっている。おそらく、

『日本書紀』の編纂者は「古墳」の実態など知っていなかったはずである。

本書の大きなテーマは『日本書紀』という書物のありのままの姿を確認することであり、かつ「古墳」という古代の遺構について、近代史の中での扱われ方の実際を確認することでもある。そのため改めて『日本書紀』を確認する章、また「古墳」を確認する章を設定している。

Ⅱ 「国史」形成──戦前の「古代史」

1 近代史の中での「戦争」と「古代史」

年表で読む第二次世界大戦への道──「挙国一致」から「神風」まで

私は一九四二(昭和十七)年の生まれで、満三歳の折「終戦」となった。横浜市内で空襲の中を逃げまどった経験を持つが、幸か不幸か、母親に背負われてのことで、防空壕の怖さも兄姉からの話で知るのみで実感として記憶にはない。ただ戦後の焼け野原と、食糧不足によるひもじさははっきり覚えており、いわば私の人生の出発点は、まさに「戦後ゼロ年」に始まっているということになる。そしてこれを綴っている現在は、七十三歳から四歳へ移ろうとしている。そうした中で、戦後七十年という言葉を、二〇一六年の約一年間、頻繁に聞いている。

ところで「歴史」にほとんど関心のなかった私が三十歳になる前後から、忽然と、日本での中世史に始まって、古代史部門に関心が湧き出した。そのきっかけは、江戸時代までは自然に語られていた「日本の歴史」のある部分が、明治維新とともに忽然と消えてしまった、いや、消されてしまったという要素が多々見えることへの疑問を持ったことによる。そして消え去ったと思えることの多くが、「わが国の歴史」の上で、「時代の流れだからしょうがない」ということではすまされない重大なこと、日本の歴史を語るうえで欠かせない事柄ばかりであると、思うにいたったからである。

たとえば消されたものとして「中世の鎌倉成立の背景」「神仏分離と廃仏毀釈の実態」「消えた仏教史、修験道史」……等々を考えるうちに、『日本書紀』の読まれ方の偏狭さ、あるいは思いがけず多く存在する「古墳」の実態等々にも同様な問題があると思えるようになり、これらは一体どういうことなのだろうという疑問だった。そしてこうした状況が生まれたのは「戦前」と呼ばれる明治・大正・昭和（前半）という時代相と不離一体の問題なのではないかと思ったのである。

はからずも、この「戦前」と呼ばれる時代は、起点の置き方によって多少ずれるが、ほぼ七十年（場合によって約八十年）である。自分の生きてきた七十年の生涯と、「戦前」と呼ばれる「明治・大正・昭和（前半）」という時間がほぼ同じ七十年であったことを、最近改めて強く感じ、今述べた「疑問点」への思いは増幅することになった。

数字を並べて算数すれば単純なことながら、「はじめに」で述べたように個人的なイメージでは自分の生涯が戦前と同じ「七十年」であったことに、改めて驚いたのだ。

先に述べた「戦前に忽然と消されてしまい」かつ「日本の歴史に欠かすことのできない事柄の軽視」は戦前という時代性によって作られたものであり、かつ戦後になっても修正・回復されずに「歪んだまま放置されている」のは一体どうしたことであろう。そして、しかもいつの間にか、過ぎてきた自分の一生という時間は「戦前」と同じ「七十年」という歳月なのだと気づいた。すると、「戦後」七十年は、高度経済成長した「優秀な日本」という見方で語られる一方で、「虚を正せなかった七十年」という視点を持つべきだということも、改めて強く見えてきたのである。

「戦前」という七十年間に世界に羽ばたいた日本ではあったが、明け暮れ戦争と向き合ってきた「七十年」だったということであり、「戦後」の良さは戦争とは無関係な「七十年」だったということでありながら、かつての七十年の「虚像」を払拭できなかった年月でもあったということである。

ここでは「日本近代」での戦争の足跡について、①「明治」開国から日清・日露の戦争、②「大正から昭和へ」、③「昭和元年から十年まで」、④「昭和十年から二十年へ」という流れで見ていきたい。

①「明治」開国から日清・日露の戦争

西暦	元号・年	一般事項 及び 戦争関係事項
一八六八	慶応明治	一月十五日　王政復古通告、対外和親　三月十四日　五箇条の誓文 九月八日「明治」改元　十月十三日　江戸城が皇居となる
一八六九	明治二	三月二十八日　東京に遷都　六月十七日　版籍奉還　この年修史の詔 太政官に史料編輯国史校正局設置　また新聞紙印行条例・出版条例、公布
一八七〇	明治三	十月二日　海軍は英式、陸軍は仏式 十一月四日　東京に海軍兵学校、大阪に陸軍兵学校
一八七一	明治四	四月四日　戸籍法　七月十四日廃藩置県の詔勅 日清修好条規、文部省設置、学校制度の整備

一八七二	明治五	一月二十九日　壬申戸籍（皇族・華族・士族・平民）　八月三日　学制制定 十二月三日　太陽暦採用（この日から明治六年一月一日となり、旧暦から約一ヵ月進む）
一八七三	明治六	一月十日　徴兵令発布
一八七五	明治八	史料編輯国史校正局を改め修史局とする
一八七六	明治九	二月二十六日　日朝修好条規調印　九月六日　元老院に憲法起草を命令
一八七七	明治十	一月十八日　修史局廃止　二月十五日西南戦争はじまる 九月二十四日　西郷隆盛自刃、西南戦争終わる 修史局廃止　太政官に調査局、ついで修史館を置く
一八七八	明治十一	六月十日　陸軍士官学校開校
一八七九	明治十二	四月四日　琉球藩を廃し沖縄県を置く 六月四日　東京招魂社を靖国神社と改称し、別格官幣社とする
一八八〇	明治十三	文部省は、各学校が教科書としている書物の内容を調査
一八八一	明治十四	神道事務局内に皇典講究科設置　のち独立して皇典講究所　修史館の機構改革、重野安繹・久米邦武・星野恒が主導権を掌握　また、「小学校教則綱領」公布。
一八八二	明治十五	修史館で漢文体編年修史『大日本編年史』の編纂事業開始
一八八五	明治十八	四月十八日　天津条約
一八八六	明治十九	三月一日　帝国大学令公布　四月十日　師範学校令（小学校令・中学校令公布） 修史館を改組し内閣に臨時修史局を設置

一八八七	明治二十	文部省より「小学校歴史編纂旨意書」公示
一八八八	明治二十一	内閣臨時修史局を帝大に移管し臨時編年史編纂掛設置　『小学日本史』刊行
一八八九	明治二十二	二月十一日　大日本帝国憲法発布　臨時編年史編纂掛『復古記』を完成
一八九〇	明治二十三	七月一日　第一回総選挙　十月三十日　教育勅語発布
一八九一	明治二十四	五月十一日　ロシア皇太子、大津で襲われる この年、帝大臨時編年史編纂掛および地誌編纂掛を改組し史誌編纂掛を設置
一八九二	明治二十五	二月十五日　第二回総選挙　十一月六日　大井憲太郎、東洋自由党結成 久米邦武、前年「神道ハ祭典ノ古俗」という論文を発表し筆禍事件により帝大文科大学教授を非職処分
一八九三	明治二十六	井上毅文相、『大日本編年史』編纂事業を中止し史誌編纂掛を廃止 重野が帝大教授辞職。『高等小学校歴史』刊行。
一八九四	明治二十七	三月一日　第三回総選挙　二月　日清、京城で抗戦（東学党の乱） 七月十六日　日英通商航海条約締結　八月一日　清国に宣戦布告 八月二十六日　日韓攻守同盟調印　九月一日　第四回総選挙
一八九五	明治二十八	三月三十日　日清休戦協定　四月十七日　日清講和条約調印 四月二十三日　独・仏・露三国干渉（遼東半島返還勧告） 五月十日　遼東半島還付詔勅　八月六日　台湾に軍政実施 帝大に史料編纂掛設置

一八九六	明治二十九	五月十四日　京城で日露協定成立
一八九八	明治三十一	三月十五日　第五回総選挙　八月十日　第六回総選挙
一九〇〇	明治三十三	三月十日　治安警察法公布　「小学校令」公布 久米邦武はこの年「神道ハ祭典ノ古俗」という論文を発表
一九〇一	明治三十四	東京帝大史料編纂掛『大日本史料』の刊行開始
一九〇二	明治三十五	一月十日　日英同盟修正案成立　八月十日　第七回総選挙
一九〇三	明治三十六	三月一日　第八回総選挙　四月二十九日　国定教科書制公布 「小学校令」改正
一九〇四	明治三十七	二月十日　日露宣戦布告　三月一日　第九回総選挙
一九〇五	明治三十八	五月二十七日　日本海開戦　六月九日　米大統領ルーズベルト、日露講和を勧告 九月五日　日露講和条約調印
一九〇六	明治三十九	六月八日　南満州鉄道会社設立勅令公布
一九〇七	明治四十	「小学校令」改正
一九〇九	明治四十二	十月二十六日　伊藤博文、ハルビンで暗殺
一九一〇	明治四十三	八月二十二日　韓国併合
一九一一	明治四十四	「南北朝正閏論」展開される
一九一二	明治／大正	七月三十日　明治天皇崩御

こうした流れのもとで、西洋列強の待ちかまえる荒波の中に日本という島国は船出した。列強に負けない国家建設の理念として「富国強兵」を掲げ、国民の教育にかなり重点も置いていた。

ただし「富国強兵」には資源の乏しいわが国としては植民地の開拓という政策がともなっており、一方「国民の教育」という言葉の中には学校教育の充実という意図の背後に「国民の意思統一」という側面も持っていた。

下の写真は昭和十一年の「尋常小学校修身書」である。日露戦争の際の美談として、「キグチコヘイ」が「シンデ　モ、　ラッパ　ヲ　クチカラ　ハナシマセンデシタ。」と戦争に殉じていった様子を生徒に教えた。

夏目漱石の苦悩

世界へ船出していった日本は、かなり無理をしていた。先に森鷗外の抱いた国の政策への懸念からうまれた作品「かのやうに」を見たが、もう一人、同時代の作家夏目漱石の作品の中に時代を語っている部分がある。そのあたりを確認してみよう。

漱石はイギリスに渡って、文学や文化一般に接して日本の後進性を実感してくるとともに、この立ち遅れの中でとりわけ精神面において日本はどのように生きて行くべきかを模索した。彼の作品の多くは漱石自身の個人的な内面を見つめる要素が強いのだが、それらは決して漱石一人だけの内面なのではなく、「日本人」をトータルした神経そのものであったといえる

キグチコヘイ
ハ、イサマシク
イクサ　ニ
デマシタ。
三十
テキ　ノ　タマ
ニ　アタリマシタ
ガ、シンデ　モ、
ラッパ　ヲ　クチ
カラ　ハナシマセン
デシタ。
三十一

のではないだろうか。

「何故働かないって、そりゃ僕が悪いんじゃない。つまり世の中が悪いのだ。もっと、大袈裟に云うと、日本対西洋の関係が駄目だから働かないのだ。第一、日本程借金を拵えて、貧乏震いをしている国はありゃしない。此借金が君、何時になったら返せると思うか。そりゃ外債位は返せるだろう。けれども、それ許りが借金じゃありゃしない。日本は西洋から借金でもしなければ、到底立ち行かない国だ。それでいて、一等国を以て任じている。そうして、無理にも一等国の仲間入をしようとする。だから、あらゆる方面に向って、奥行を削って、一等国丈の間口を張っちまった。なまじい張れるから、なお悲惨なものだ。牛と競争をする蛙と同じ事で、もう君、腹が裂けるよ。その影響はみんな我々個人の上に反射しているから見給え。こう西洋の圧迫を受けている国民は、頭に余裕がないから、碌な仕事はできない。悉く切り詰めた教育で、そうして目の廻る程こき使われるから、揃って神経衰弱になっちまう。……」（「それから」より）

と漱石は主人公の長井代助に言わせている。こうした危うさを経過しながら、日本は大正時代へ突入していった。

②　大正から昭和へ

西暦	元号・年	一般事項 及び 戦争関係事項
一九一二	明治／大正	七月三十日　明治天皇崩御

一九一三	大正二	十月六日　中華民国承認
一九一四	大正三	八月二十三日　ドイツに宣戦布告　九月二日　陸軍、山東半島上陸 十一月七日　青島を占領　十月十九日　南洋諸島占領
一九一五	大正四	三月二十五日　第十二回総選挙　六月九日　軍艦榛名建造
一九一六	大正五	四月一日　海軍航空隊を横須賀に新設
一九一七	大正六	二月　海軍地中海に出動　四月二十日　第十三回総選挙 ロシアに二月革命、十月革命が起こり、帝政が亡び、ソビエト政権誕生
一九一八	大正七	一月十二日　軍艦二隻ウラジオストクに派遣 四月五日　日英陸戦隊、ウラジオストクに上陸開始 八月二日　シベリアへ出兵宣言発表 八月三日　富山県に米騒動起き、次第に全国に波及 九月二十九日　原敬政党内閣組閣
一九一九	大正八	一月十八日　パリ講和会議に西園寺公望ら出席 五月四日　中国で反日運動、全国に波及
一九二〇	大正九	五月十日　第十四回総選挙　十一月二十五日　戦艦長門完成
一九二一	大正十	十一月四日　原首相、東京駅で刺殺される 十二月十三日　日英米仏四カ国条約締結
一九二二	大正十一	七月十五日　日本共産党結成 十二月三十日　ソビエト社会主義共和国連邦成立宣言

一九二三	大正十二	九月一日　関東大震災（朝鮮人暴動の流言広がる）京浜地区に戒厳令
一九二四	大正十三	三月　日本共産党解党　五月十日　第十五回総選挙
一九二五	大正十四	一月二十日　日ソ国交回復　四月二十二日　治安維持法公布 五月五日　普通選挙法制定
一九二六	大正昭和	十二月四日　日本共産党再建大会　十二月五日　社会民衆党結成 十二月九日　日本労農党結成　十二月十二日　労働農民党結成 十二月二十五日　大正天皇崩御

日清・日露の戦争に勝利していた日本はある種の驕りを持ち始め、軍備拡張の方向に進み、欧州を中心に展開していた戦争に参戦していくことになった。一九一四（大正三）年のことだった。日本はイギリスとの同盟のもと、イギリスが中国に植民地として及ぼしていた権益を同盟国ゆえに守ってやるという名目で、中国に手を伸ばそうとしたドイツに宣戦布告した。こうして第一次世界大戦に参戦。日本は満州の権益を守るとともに、山東鉄道を奪うことになった。株価は乱高下して、最終的には好景気となり、日本の参戦は成功したように見えた。こうして「大正成金」を生んで「モボ・モガ（モダンボーイ・モダンガール の略）」の風潮も生んだ。しかしそれは国民一般の生活には反映せず、大戦の終熄とともに不況は波状的に襲ってきて、一九一八（大正七）年富山県に起こった米騒動は全国に飛び火。一道三府三十八県に及んでいった。また民本主義とも言われた労働者救済運動とともに大正デモクラシーの風潮も高まることになった。

③　昭和元年から十年まで

西暦	元号・年	一般事項 及び 戦争関係事項
一九二六	大正昭和	十二月四日　日本共産党再建大会　十二月五日　社会民衆党結成 十二月九日　日本労農党結成　十二月十二日　労働農民党結成 十二月二十五日　大正天皇崩御
一九二七	昭和二	三月三日　明治節を決める（十一月三日）
一九二八	昭和三	二月二十日　第十六回総選挙（最初の普通選挙） 五月三日　日本軍、済南で国民政府軍と衝突 六月四日　関東軍河本参謀ら張作霖を爆殺 六月二十九日　緊急勅令により治安維持法改悪 七月三日　内務省特高課を設ける
一九二九	昭和四	六月三日　中国国民政府を正式承認
一九三〇	昭和五	二月二十日　第十七回総選挙　十一月十四日　浜口首相東京駅で狙撃 十二月十五日　東京の十六新聞社言論弾圧に対し共同宣言
一九三一	昭和六	九月十八日　柳条湖の満鉄爆破事件（関東軍が軍事行動・満州事変） 十一月二十二日　社会民衆党、満州事変支持
一九三二	昭和七	一月二十八日　上海事変　三月一日　満州国建国 五月十五日　陸軍将校等犬養毅首相暗殺　九月十五日　満州国承認
一九三三	昭和八	二月二十四日　松岡代表国際連盟総会退場　三月二十七日　国際連盟脱退

一九三四	昭和九	三月一日　満州国、帝政を実施 四月十七日　外務省、列国の対中国援助に反対の声明 十月一日　陸軍省「国防の本義とその強化の提唱」を唱える 十二月二十九日　政府、ワシントン海軍軍備縮小条約の廃棄通告
一九三五	昭和十	国号を「大日本帝国」とする

東亜全域支配への夢

事は一九三一（昭和六）年の満州事変に始まった。翌年の満州国の建国宣言。これを経て日本は改めて十五年戦争と名づけられた長きにわたる戦争体制に突入していった。

一九三七（昭和十二）年、蘆溝橋《ろこうきょう》事件が起り、中国大陸での戦線は広がっていった。一九三八（昭和十三）年、国は国民生活の全分野を統制できるとする「国家総動員法」を制定。この法の制定によって企業・貿易、さらには労務、そして言論等々、あらゆる分野にわたって国による「統制」を敷くことが合法であるということになった。

一九四〇（昭和十五）年、第二次近衛内閣は「基本国策要項」として、「皇国の国是は八紘《はっこう》を一宇《いちう》とする肇国《ちょうこく》の大精神」に基づくと述べた。「皇国」とは「天皇をいただく国」の意味、「八紘一宇」というのは『日本書紀』巻第三の神武天皇の条にある「掩八紘而爲宇＝八紘をおおって宇《いえ》となす」の表現をもとにした「広い天下は一つの屋根の下にある」という意味であり、「肇国」というのは『日本書紀』に崇神《すじん》天皇を「御肇国天皇《はつくにしらすすめらみこと》（はじめて天下を治められた天皇）」の表現を受けて、「国の始まり・建国」の意味であり、ここではわが国そのものを指している。つまり「大東亜共栄圏」として、「世界を一つの屋根のもと」に日本が主体となってまとめてゆくのが「皇国」の大きな理念である、という解釈の表明であった。

ここにいう「大東亜共栄圏」について端的に言えば次のようになる。

> 太平洋戦争期に唱えられた日本を盟主とする東アジアの広域ブロック化の構想と、それに含まれる地域。（『平凡社大百科事典』より）

第二次近衛文麿内閣の発足時の基本方針となり〈基本国策要綱〉において〈大東亜新秩序〉の建設として掲げられた。その文字面での意味は、広範な地域の政治的・経済的な共存共栄を図るということではあったが、実は日本の富国政策を掲げたものだった。

このように戦時色が高まるなか、早稲田大学の教授であった津田左右吉《つだそうきち》は先に行われていた歴史学における実証主義の論を受けて『古事記』『日本書紀』を読み、この両書についての『古事記及び日本書紀の研究』『神代史の研究』などの著書を出したが、これらが一九四〇（昭和十五）年発売禁止の処分、そして、また同年早稲田大学の教授も辞職に追い込まれるという事件があった。

これらは先の重野安繹・久米邦武などの事件とともに、戦前、学者が歴史にどう関わるか、という問題に関する重大な出来事であった。このことは日本における「古代史」そのものが「近代史の問題なのだ」という曲折した状況のなかに展開したものだったと言えるのである。

④　昭和十年から二十年へ

西暦	元号・年	一般事項 及び 戦争関係事項
一九三五	昭和十	国号を「大日本帝国」とする
一九三六	昭和十一	二月二十六日　皇道派青年将校叛乱（二・二六事件） 三月二十四日　メーデー禁止　十一月二十五日　日・独・伊防共協定締結
一九三七	昭和十二	七月七日　盧溝橋で日中衝突・日中戦争開始　八月十三日　上海で激戦 九月　国民精神総動員　九月二十日　日本軍、八路軍（中国共産党軍）により大打撃 十一月二十日　宮中に大本営設置 十二月十三日　日本軍、南京占領（南京大虐殺）
一九三八	昭和十三	一月十六日「国民政府を相手にせず」と近衛声明を発する 四月一日　国家総動員法公布　五月十九日　日本軍、徐州占領 五月二十六日　近衛内閣改造　十月二十七日　日本軍、武漢三鎮を占領 十一月三日　近衛首相、東亜新秩序建設の声明
一九三九	昭和十四	二月十日　日本軍、海南島上陸 五月十一日　ノモンハンで満州国と外蒙古軍が衝突、大日本帝国陸軍とソ連軍との戦闘に発展 七月二十六日　アメリカ、日米通商条約の廃棄通告 九月四日　政府、欧州戦争に不介入の声明

一九四〇	昭和十五	七月二十六日　閣議、大東亜新秩序 国防国家建設方針を決める 九月二十三日　日本軍、北部仏印へ進駐 九月二十七日　日・独・伊三国軍事同盟締結　十月十二日　大政翼賛会発足 十一月十日　皇紀二千六百年の奉祝の行事
一九四一	昭和十六	四月十三日　日ソ中立条約締結　六月二十八日　南部仏印へ進駐 七月　関東軍特別大演習（七十万人動員） 十二月一日　御前会議、対米英蘭開戦を決議 十二月八日　ハワイ真珠湾奇襲攻撃 十二月十日　マレー半島上陸（英国東洋艦隊主力、戦艦プリンス・オブ・ウェールズなど撃沈） 十二月二十五日　日本軍、香港を占領
一九四二	昭和十七	一月二日　日本軍、フイリピンのマニラ占領 二月十五日　日本軍、シンガポール占領 三月八日　日本軍、ビルマ（現ミャンマー）のラングーン（現ヤンゴン）占領 三月九日　ジャワのオランダ軍投降　四月十八日　米軍機、日本本土初空襲 四月三十日　第二十一回総選挙（翼賛選挙）　五月二十日　翼賛政治会結成 六月五日　日本海軍、ミッドウェー開戦で大打撃 八月七日　米軍ガダルカナル島に上陸し争奪戦　十一月一日　大東亜省設立
一九四三	昭和十八	一月九日　汪兆銘政権（汪兆銘の南京国民政府）、米英に宣戦布告 二月七日　日本軍、ガダルカナル島から撤退 四月十八日　山本五十六連合艦隊司令長官戦死 五月二十九日　日本軍のアッツ島守備隊全滅

一九四三	昭和十八	九月三十日　大本営・政府連絡会議、防衛戦線後退決定 十一月二十五日　マキン・タラワ両島の日本軍守備隊全滅
一九四四	昭和十九	二月六日　クェゼリン・ルオット両島の日本守備隊全滅 三月八日　インパール作戦失敗 六月十五日　米軍、サイパン島に上陸（七月七日　日本軍全滅） 六月十九日　日本海軍、マリアナ沖海戦で空母の大半を失う 七月二十一日　米軍、グアム島上陸（八月十日　日本軍全滅） 八月五日　最高戦争指導会議設置 十一月二十四日　東京がＢ29の初空襲を受ける 十月十九日　神風特別攻撃隊編成（十月二十五日　初出陣） 十月二十日　米軍、フイリピンのレイテ島に上陸
一九四五	昭和二十	三月二十六日　硫黄島の日本軍全滅 四月一日　米軍、沖縄島に上陸（六月二十一日　日本軍全滅） 四月五日　ソ連、日ソ中立条約の不延長通告してくる 六月二十二日　戦時緊急措置法公布 七月十三日　ソ連に近衛文麿特使平和斡旋を願うも拒否される 八月六日　広島に原子爆弾投下　八月八日　ソ連、対日宣戦を布告 八月九日　長崎に原子爆弾投下　八月十四日　ポツダム宣言受諾 八月十五日　天皇、「終戦」の詔勅を放送　九月二日　降伏文書に調印

明治維新以降、東アジアに築いていたわが国の権益の確保と、さらに拡大を図ろうとの思いは増すばかりであり、昭和十年代での戦争は満州事変・日中戦争（日華事変《にっかじへん》・日支事変《にっしじへん》）に始まった。この東亜の権益への思いは満州から上海、南京、そして中国大陸奥地の徐州、武漢、広東と戦線拡大につながった。その間、南太平洋上にあるイギリスの支配するビルマ（現ミャンマー）やフランスが支配するインドシナ（ベトナム・ラオス・カンボジア）等々の国へ向けての「南進論」（東南アジアなどへの進出論）も高まり、中国への石油の輸送基地でもあったフランス領の北仏印への進駐を試みたのが一九四〇（昭和十五）年九月。引き続き一九四一（昭和十六）年七月に南仏印へも進駐。これら以降アメリカ・イギリスなどとの対立が激化し、日本への石油ルートが遮断された。こうした背景のもと、日本軍は米国太平洋艦隊の軍事基地であった真珠湾を一九四一（昭和十六）年十二月に奇襲攻撃する挙に出た。こうして第二次世界大戦、つまり日本における太平洋戦争が勃発した。

日本軍は真珠湾を攻撃する一方、その二日後、別動部隊がマレー半島に攻撃を仕掛け、英国東洋艦隊主力戦艦プリンス・オブ・ウェールズなどを撃沈させ、上陸するなどの戦果を上げた。その後海軍はジャワ沖、ニューギニア、オーストラリア、インド洋と制圧。さらに陸軍はシンガポール、インドネシア、ビルマ（現ミャンマー）、グアム、ラバウル等々で目を見張る戦勝ぶりだった。

しかし、真珠湾攻撃から八ヵ月後、一九四二（昭和十七）年八月七日のガダルカナルの米海軍の反撃、さらに二ヵ月前のミッドウェー海戦等で敗戦した。これを機に日本の陸・海軍は南太平洋上の諸島での戦闘に次々敗退、戦闘員は食糧なく、援軍なく、武器も底をついた状態で玉砕していった。これは真珠湾からわずか三年のことだった。

昭和15年（1940）の皇紀2600年とは『日本書紀』にある神武天皇の記事

東征出発　　　　太歳甲寅・45歳

「是年也、太歳甲寅。冬十月丁巳朔辛酉、天皇親帥諸皇子船師東征。」

↓

天皇即位元年　　　　辛酉・〔52歳〕

「辛酉年春正月庚辰朔、天皇即帝位於橿原宮。是歳為天皇元年。

……始馭天下之天皇《ハツクニシラススメラミコト》……」

↓

治世76年目に崩御〔丙子〕・127歳

「七十有六年春三月甲午朔甲辰、天皇崩于橿原宮。時年一百廿七歳。」

中国の讖緯説「辛酉・甲子には革命が起きる」という説から

明治時代の那珂通世〔嘉永4年（1851）～明治41年（1908）〕の論考

60年（還暦）×21元＝1260年（一蔀）

推古天皇9年 辛酉（601年）から1260年遡った辛酉年を即位の年とする

上記の説に異を唱え、斉明7年辛酉（661）説もある。

皇紀二千六百年

『日本書紀』編纂者は神武天皇の即位を辛酉《かのととり》の年としている。ではこの「辛酉」とは西暦何年に当たるのだろう。中国の公式の歴史書がこの干支を利用して書かれているので、それを軸にすると考えやすい。わが国の場合『日本書紀』がその方法を踏襲しているのではあるが、はたして『日本書紀』が二千年も前を正しく記録し得ただろうか。これを信じるにしても、疑問を持つにしても、一旦は、虚心に検討する必要があるだろう。

この「神武即位・辛酉」を明治時代の学者が讖緯説《しんいせつ》（辛酉に革命・一蔀《いちほう》で大革命）によって、一蔀（六十年×二十一倍＝一二六〇年）という時の流れの中での大革命であり、その起点を辛酉年に当たる推古九（六〇一）年だったのだと想定した。

この説にたてば『日本書紀』の語る神

武即位の「辛酉」は西暦B.C.六六〇年のことで、これが皇紀元年（日本建国元年）であるとした。この説が日本史学界での定説となり、これにより昭和十五（一九四〇）年は皇紀二千六百年に当たるとして大々的に祝った。

この説は後漢代の経学の学者鄭玄《じょうげん》（一二七〜二〇〇）に「鄭玄曰く、……三七相乗じ、二十一元を一蔀と為す。合わせて千三百二十年」（『革命勘文《かくめいかんもん》』昌泰四年（九〇一）の三善清行《みよしのきよゆき》著）とあることが根拠となっていた。

前述の説に対して起算の年を推古九（六〇一）年とするのでは歴史的事象の上から根拠が薄いとして、これを六十年繰り下げ、斉明天皇六年のほうがいいのではないか、という説もある。これによれば庚申（西暦六六〇年）百済滅亡、これを『日本書紀』では斉明紀六年として「今年七月、新羅恃力作勢、不親於隣。引構唐人、傾覆百済」（今年七月新羅は力をたのみにして隣国と親しまず、唐人と協力して百済を傾けた）と書いている。

ということはその翌年、斉明天皇七年が順番で「辛酉」の年になり、前後の関係から西暦への換算でいえば六六一年ということになり、これは「百済再建元年」であり、大きな歴史的な事件、を見るにはこちらの方がいいのではないかということからの説である。しかし、いずれも神武紀元がB.C.六六〇年、ということを述べる点では同じ事である。

『日本書紀』には各天皇紀での「元年」記事の末尾に「是年也、太歳〇〇」という記載がある。この天皇の元年が暦上の干支でいつのことになるのか、ということを示している記事である。

こうした紀年の記載は『古事記』にはなく、『日本書紀』が歴史書と言われる理由もそこにある。この紀年は中国で歴史書に使われたものを日本でも援用したもので、六十年で一巡りしてまた同じ干支に戻る。

厳密な暦法によって歴史書が作られた中国の歴史書に習って、わが国でも七、八世紀に中国での「暦法」が採用され、これが『日本書紀』の各天皇紀元年にある「太歳○○年」という記事である。

暦法の先進国である中国の歴史書や、その影響のもとにできた朝鮮半島の各時代の歴史書などと対比させながら、近代になると西暦紀元との比較ができることになり『日本書紀』記載の「太歳○○年」が何世紀頃の「○○年」なのかを割り出すことも可能になる。

ただ、六十年ごとに同じ干支が巡ってくるだけに、六十年単位（百二十年、百八十年……）と、かなり不確実な状況も生まれる。

そして『日本書紀』に記載されている内容は天皇の実在性とともに、即位元年の干支が何をもとにしてそこに記されたのかという根本的な問題も含んでいることになる。

橿原神宮

『日本書紀』によれば神武天皇が「日向《ひゅうが》」の地を発し、いくつかの苦難を経て「倭国」の大和橿原《かしはら》の地で初代天皇として「辛酉」年に即位したとなっている。明治になって即位の「辛酉」の年が西暦換算で紀元前の六六〇年のこととする那珂通世による見解が出て、その即位の「辛酉」以来二千六百年目に当たるのが「昭和十五年」（一九四〇）であるとした。そしてその年十一月に皇紀二千六百年の奉祝の行事が大々的に行われた。

ところでこの「昭和十五年」とはどのような年だったのだろう。

この年七月に第二次近衛内閣が発足し、九月に日独伊三国の同盟が締結され、そして十月に大政翼賛会《たいせいよくさんかい》が発足した。太平洋東部に位置して、圧迫されている諸国を先進国の支配から解放し、わが国を盟主国と

平和の塔「八紘一宇」の文字

宮崎市にある平和の塔

して「東亜の大繁栄」を実現したい、との理念のもとで宣戦布告したわが国は、いよいよ世界大戦への道を、坂を転げ落ちるように突き進んでいった。

平和の塔と「八紘一宇」

橿原神宮を中心に展開した皇紀二千六百年の祝賀行事であったが、九州の宮崎の地でも神武天皇の東征原点であるとして大きく皇紀二千六百年の式典が行われた。そのとき高さ三六メートルで「八紘一宇」の文字が刻まれた紀年の巨大な石造の塔が作られたのである。

この「八紘一宇」とは『日本書紀』の

> 上則答乾靈授國之德。下則弘皇孫養正之心。然後兼六合以開都。掩八紘而爲宇不亦可乎。
> （上は乾霊（天神）の国を授けた徳に答え、下は皇孫の正しき養いの心を弘める事だろう。そうして後に六合（国内）を兼ね都を開き、「八紘を掩《おお》って宇《いえ》と為す」のがいいではないか。）

平和の塔台座部の石組み
なかには中国各地の居留地からも寄せられている。左：「南京日本居留民会」の文字がある石。右：「満洲北鎮県」の文字がある石。

とある「掩八紘而爲宇」という表現から、この皇紀二千六百年の祝賀に合わせて「八紘一宇」という四字熟語が作られた。

これを改めて辞書で確認すると、

近代日本史学史上の一潮流。日本の歴史を〈国体〉の顕現・発展としてとらえる歴史観で、一九三〇年代半ばから敗戦に至る時期に確立、全盛期をもつ。この史観は次の三つの内容をその特徴としている。①日本は神国であり、皇祖天照大神の神勅（〈天壌無窮の神勅〉）を奉じ、〈三種の神器〉を受け継いできた万世一系の天皇が統治してきたとする、天皇の神性とその統治の正当性、永遠性の主張。②日本国民は臣民として、古来より忠孝の美徳をもって天皇に仕え、国運の発展に努めてきた、とする主張。③こうした国柄（〈国体〉）の精華は、日本だけにとどめておくのではなく、全世界にあまねく及ぼされなければならない（〈八紘一宇〉）、という主張である。（平凡社・世界大百科事典）

という意味であり、そこに用いられていた「大東和共栄圏」という表現は「日本を盟主とする東アジアの広域ブロック化の構想」(平凡社・世界大百科事典)という意味である。それは表向きは世界平和に寄与するという意味であるような印象を与えつつ、アジア一帯への侵略を試みた論理、つまりアジアをわが国を中心にすえた上で一つの屋根の下に置く〈八紘一宇〉という主張だった。そしてこのような論理を支える根拠が『古事記』『日本書紀』の記述であるとした。

実際の『日本書紀』の方では「霊地をたまわり、皇孫の寛き心のもと、ここに大きな屋根を造ることはすばらしい」というほどの意味だったが、昭和のこの時代はこの表現をさらに拡大解釈して「世界を一宇」とし、というわば日本が世界の支配者になる、という壮大な理念をこめた言葉であるという意味に変えていたのである。

しかし、この言葉を以て突入した太平洋戦争ではあったが、太平洋の南にあった諸島の基地を失い、沖縄に総攻撃を受け、さらに主要都市の大部分が無差別の空襲を受けて焼け野原となり、それでも足りず広島、長崎に原子爆弾を落とされて敗戦となるまで、わずか五年以内の出来事だった。

一体この戦争の悲惨さは、どんな経過をたどってここまでに至ってしまったのか。この道筋をごく簡潔に年表をたどるように、確認してみたい。

2　戦争末期に使われた「総」「一億」「玉砕」の言葉

「総」について

前述の年表で見てきたように一九三八（昭和十三）年に「国家総動員法」が制定され、これが一気に戦争の方向に向いていく始まりとなった。翌年には「国民精神総動員強化方策」が示され、その方策は国民を鼓舞し、奨励発揚されていく。「総動員法」により「国民精神総動員」が叫ばれたのであった。そして「銅鉄を太平洋へ　総進軍」のように「総」の言葉は使われた。

「一億……」について

前の「国民精神総動員」の中の呼びかけに「一億一心」の用語がある。またその一年前に国は文部省による編纂として「国体の本義」を著し「一大家族国家として億兆一心聖旨を奉体し……」とあり、国民総運動への呼びかけとしてよく「億」「一億」の言葉が使われた。これは当時の日本国民の人口概数を示す言葉である。

戦前内閣情報部が発行していた雑誌「写真週報」（『「写真週報」に見る戦時下の日本』太平洋戦争研究会・保阪正康監修・世界文化社）によると、例えば一九四〇（昭和十五）年の皇紀二千六百年の奉祝行事について、

悠遠の古、天照大神が大八洲の国を始められた御徳に答えさせられて、新たに『わが日本の国』を固めさせられた神武天皇が、大和の畝傍山の東南、橿原の地に宮地を定めさせられてからここに二千

六百年、われら一億国民は東亜に新たなる秩序を打ち立てんとする聖戦下に光輝ある紀元二千六百年を意義深く迎えたのである。

と報じている。

一九四一（昭和十六）年十二月八日、日本は布告なしにハワイの真珠湾を攻撃した。十二月一日の御前会議を経て「新高山《にいたかやま》登れ一二〇八」の暗号を発したのを機に日本時間の八日午前三時十九分（現地七日午前七時四十九分）に決行され、ことは成功裏に進み、これを「トラ・トラ・トラ」の暗号で伝えたのである。米艦隊ならびに航空兵力に対する奇襲作戦は成功し、これを大本営は「帝国陸海軍は本八日未明西太平洋において米英軍と戦闘状態に入れり」の発表を行なった。太平洋戦争への突入である。

「写真週報」の表紙は、太平洋上の戦艦の写真を載せ「一億、今ぞ　敵は米英だ！」との文字を踊らせる。さらにページを繰ると零式戦闘機の姿に重ねて、

対米英宣戦の　大詔は渙発せられたり　聖恩に応へ奉り　国難を莞爾として享ける大和魂は一億心に剣を執り銃を抱け！　今ぞ敵は米英だ！　米英を墓場に送らん

とあって、ここには「大和魂《やまとだましい》は一億　心に剣を執《と》り銃を抱け！」の表現が見える。

次ページには山本連合艦隊司令長官の大きな写真とともに「マレー半島への奇襲上陸」「上海における英砲艦ウェーク号捕獲」そして「シンガポール、ダヴァオ、ウェーク、グアム、ミッドウェー」等々南太平洋上の諸島での敵軍施設爆撃も成功、という多くの戦果を上げたことを述べている。

そして続く十二月三十日の二〇一号では「比類なき戦果」とあって、十二月十日にあったマレー沖海戦のことが載り、

わが海軍航空隊必殺の攻撃を浴びあえない最後をとげた英国東洋艦隊旗艦プリンス・オヴ・ウェールス号と戦艦レパルス号断末魔の姿

とのキャプションによって敵戦艦の沈む写真が掲載されている。これは戦闘機からの攻撃によるものであって、航行中の戦艦が飛行機に撃沈されたのは世界で最初のことであるとされる。当時日本の戦闘機は零式艦上戦闘機（米国が「ゼロ・ファイター」と呼んだため戦後ゼロ戦と呼ばれるようになった）は小型ながら運動性能と航続性能は当時の世界の水準を超えたものであり、米英はこれを恐れていた。

続くこの頃の各号紙面には、零式戦闘機の活躍に湧き、

一億国民　一億一心　一億が債権買って総進軍　蒼生一億の万歳

など「一億」の文字が使われ、当時のこの使われ方はどれも意気軒昂である。

さらに、年が変わった一九四二（昭和十七）年の二月十五日にわが国はシンガポールを攻めた。三月四日発行「写真週報」は「シンガポール陥落す」の見出しのもと上陸する日本軍の様子や、英印軍司令官パーシバル中将の日本に降服する会見の様子などが報じられている。

この間、国内では続く戦勝の報道に湧き、紙面には「国債を買おう」という広告が多く載せられている。「債権で力強く銃後の意気を！」とあったり「一億が債権買って総進撃」などという表現もある。国民はあったわずかな蓄えを「お国のため」という思いで「国債」を買ったのだった。

ところがことを一変させる事態が起こる。

ひと頃の勢いをよそに日本海軍は一九四二（昭和十七）年六月三～五日、ミッドウェー海戦で大打撃を受ける事態となっていた。さらにそれに続いて各地での敗戦状態が続いたのだった。そして一九四三（昭和十八）年四月十八日、連合艦隊総司令長官山本五十六大将の乗った戦闘機がブーゲンビル島の上空で米戦艦機に撃墜されたのである。真珠湾以来半年ほど劣勢を続けていた米国は国を挙げて回復作戦を立て、戦闘機や戦艦の充実を図るとともに、日本の暗号通信文を解読するまでになっていたのである。そしてここに至って山本五十六《いそろく》大将の乗った戦闘機の作戦も暗号が解読されていた。その作戦は相手に筒抜けになっており、米軍はこれを待ち伏せして一気に攻撃をかけていたのであった。

山本五十六の戦死はしばらく国民に伏された。そして約一ヵ月後の五月二十一日に発表された。そのことを六月二日発行の「写真週報」は追悼号として特集した。

　山本元帥戦死の報に接し、襟を正し、粛然とその崇高壮烈なる大精神に触れて、限りなき痛惜の情を禁じ得なかった……死してもなお米英撃たずば止まざる鬼神と化した英魂を迎えて、全国民一億、ひとしく悲憤の涙とともに「われら職場に山本精神を活かさん」と誓った。

と報じ、「全国民一億、ひとしく悲憤の涙とともに一億の憤りは火と燃え」とも報じ、見出しは「一億、山本元帥の後に続かん」と表現された。

そしてこれ以降の日本軍は南洋戦線の熾烈化に伴い、戦闘機も戦艦も不足気味となり、米英の攻勢によって、兵士の補強も、食糧の輸送もままならなくなっていった。そんな、状況になっていることなど知らない国民は、「勝利！」「勝利！」の虚報にわき立っていたのである。

各地の敗戦によって戦闘機に搭乗する人材も不足し、戦闘員に大学生も駆り出されることになった。十月二十日発行の二九二号には土浦海軍航空隊の「学鷲入隊式」の様子が報じられ、十一月三日発行の「写真週報」二九六号には「出陣学徒壮行会」の様子も報道された。これは十月二十一日に神宮外苑競技場で文部省の主催で行われたものである。

一億こぞって増産へ突撃だ

この頃になるとそんな言葉も使われている。そのほかにも「一億決死の覚悟で」「一億一致」など、「一億」の言葉の使い方は次第に悲壮感を帯びてくるのである。

十一月五日には東京の帝国議事堂で大東亜会議が開催された。さらに、七日には日比谷公会堂で「大東亜結集国民大会」が行われ、ビルマ・満州国・中華民国・タイ・フィリピン・自由インド仮政府そして日本のそれぞれの代表が出席している。「写真週報」十一月十七日発行二九八号にはその様子が報じられた。

戦局が下向きになった中であったが、改めて「大東亜共栄圏」の国々の結束を求めるための集会であった。

「玉砕」について

「写真週報」は次のように報じている。一九四三（昭和十八）年十二月八日発行「写真週報」三〇〇号（太平洋戦争二周年、という特集号）には、

まさに敵の反攻熾烈化とともに、戦局は重大化したのである。ガダルカナル島の死闘あり、アッツ島の玉砕がつゞき、更に山本元帥の戦死が報じられた。一億の憤りは火と燃え、この仇討たでおくべきと、神明に誓ったあの一言こそ、いまわれらの胸裏に生々しい。

という内容であり、十二月二十日には大本営がタラワ島・マキン島で十一月二十五日の全員が玉砕《ぎょくさい》をしたことを月遅れで、

一億斉しく胸打たれ

と発表した。そして「一億」を含んだ国民を鼓舞する用語は次第に悲壮さを増し、戦争も末期となると「玉砕」と結びついて使われるようになるのである。

昭和十八・十九年と南洋の戦線は南の島の各地で悲惨な敗戦が続いてゆく。

銃後一億の感動

などと国に残った者が南洋諸島の戦闘を称えるように、と強要され、「神風」とよばれた特攻隊は燃料が欠乏し、帰りの燃料を持たず、戦闘機に十分な爆弾を積めない状況の中で、機と共に我が身を体当たりするという戦法を「感動」と述べ、悲壮さは増していったのである。

一億神風と化す、あなすがし、神州の民、決意あらたなり
一億国内戦場の決意に起て
一億全てが硫黄島の勇士たる時、皇国に勝利の栄光はあまりに明らかである

と「一億」の言葉は使われた。そしてなお大本営は「国内戦場の決意」を「本土決戦の覚悟を持て」、と国民を鼓舞し、翌年の一月十二日第三〇四号では、タラワ島・マキン島両島の玉砕の様子を、

われら銃後の国民は両島守備隊の勇戦に悲憤の涙をふりしぼるだけでよいのであろうか。……大東亜の諸地域を守備する皇軍将兵は、その地を墳墓の地と覚悟するように、と玉砕を以て護国の大任を全うせんことを念じている。

と報じた。

戦争も末期の状況にありながらも、人間そのものが潜水して「魚雷」となり、風船爆弾を飛ばし、銃後（戦場に行っていない一般市民）では松の根で油を作り、少年たちは木製の戦闘機を製造し、町内の女子挺身隊が竹槍を持ち、「一億玉砕」への覚悟を持ったのだった。

3　ある歴史家の回顧

大正デモクラシーの時代を経て戦争態勢へと急激にことが展開し始める昭和初期になると、国が戦争へ向く方針はさらに明確になった。

そのあたりをもう少し証言で確認してみよう。「東アジアの古代文化を考える会」が一九七三（昭和四十八）年、毎日新聞社と共同開催してシンポジウム「歪められた古代史」を催した。そこで歴史学者の井上清は「日本帝国主義と国史学」と題して講演をし、自分の体験を語っている。

一九三三（昭和八）年に東京帝国大学文学部国史学科に入学したばかりのとき、新入生歓迎会があった。そのなかで著名な教授が歓迎の辞で、「将来学校の教師となったとしても、学問上はいろいろ問題のあることでも国民教育の場では教えてはならないことがある」といった趣旨のことを話された。「入る早々にそのようなことを言われて途端に大学がいやになってしまった」と述べている。

さらに氏はその文章のなかで、国定の「尋常小学国史」、あるいは中学校の「国史」にしても、書いている本人が「これに書いてあるのはでたらめであるということを、百も承知の上で、国民に教え込み、信ずることを強制して、それで日本人の歴史観をつくりあげていった」、と当時を振り返っている。

また同シンポジウムで、当時の憲法学者は憲法を語るとき第一条の「大日本帝国ハ万世一系ノ天皇之ヲ統治ス」や第三条の「天皇ハ神聖ニシテ侵スベカラズ」というところについては、なるべく触れないで憲法全体を説明していた、と述べている。もし、こうした条項が近代国家としての憲法概念とは相容れない、などということに学者が触れていくなら、帝国大学の憲法の教授でいられないばかりでなく、日本に住むこともできなくされかねなかったから、と氏は述懐する。

さらに氏は明治になって始まった「一世一元」の制度の意味についても述べている。

明治時代以前までは、ある天皇の在位中、元号が一つであったとは限らなかったので「天皇の名」と「時代」とはそれほど結びつくものではなかった。ところが明治以降は「一世一元」の制度により「年号は天皇と一体不可分」であることになった。そのことによってどういうことが起こったか。「自分の存在の場そのものである時間を表現し記録するのに、天皇を意味する年号を用いるということは、自分の存在の場そのものを天皇と結びつけている、天皇なしに自分の存在を意識することも表現することも記録することもできないということを意味するのです」というわけである。

確かに「明治○○年」とか「大正時代には……」のように、元号そのものを時代表記にして何の違和感も感じてこなかった私自身がある。そして実は、氏が指摘するように無意識のうちに「天皇とともにあるわれわれ」という思いのなかに染まってしまっていたことを、そして、それが明治以降、近代における施策だったことを、私も改めて思わざるを得ない。

Ⅲ　現行古代史の実相——戦後と古代史

1　「戦後」とは

「戦後」とは「戦前」という言葉と対語であり、常にセットで思考されることによって意味が出てくる。ただこの対語、なかなか難しい。というのは文字どおり単純に「時」の流れをある一時点を境にしたその前と後にわけた言葉、といって済ませるわけにはいかないからである。

とりわけこの言葉を日常単純に使う場合、「国家統制」が厳しかった時代と「民主主義」という言葉で括られる時代、いわば「白」に対して「黒」といった正反対の意味でとらえることも可能なほどに、「ガラリ」と状況が変わってしまったという事実があって、「戦前は……」と言い、「戦後は……」と言う場合そこにある種のイメージが加わって語られる場合が多い。

戦前を引きずる古代史の「虚」

二〇一六（平成二十八）年五月十一日（水）の朝日新聞「文化・文芸」という欄に「論議を禁忌とする社

会　きがかり」という見出しの記事が載った。

　これは加藤周一氏の文庫が立命館大学に設置されたことを記念して行われた大江健三郎氏の講演会についての記事である。この記事の中で大江氏は加藤氏の作品「天皇制を論ず」について述べている。「天皇制を論ず」の中で加藤氏が「戦争の原因」であった天皇制について触れ、そしてこれをやめなければ「また戦争の原因になるかも知れない」とあること、ただそれは「問題は天皇制であって天皇ではない」と論じている、ということを紹介しつつ、新聞記事では大江氏自身の意見として「戦後百年経って、明治憲法と同じように天皇を『神』に戻して国を統一していこうと日本人がするのではないか。その心配は今のところないけれど、いつぶり返すかわからない」と述べたと紹介し、さらにその記事に続けて大江氏の意見として「懸念が生まれるのは、天皇制を論じることへの『禁忌』がずっと日本にあるからだ」と書いている。

　この記事を読んで、ここにある加藤氏の意見、そしてそれを論じた大江氏の意見に「同感」の思いを感じた。そして大江氏の言うように「戦後百年経て」とある以上に昨今の事態は深刻であるとさえ感じている。とりわけこの論を「古代史の問題」と関わると理解すれば「天皇制について議論を避ける日本」を感じており、それが「戦前」の日本での話ではなく「戦後」の日本でのことであり、このことが原因となって「戦前の国史」を引き継いだ「日本史」が現在も曖昧なまま「わが国の歴史」として語られている、その事実に大きな危惧を私は感じている。

　この「危惧」とは何かということは「終章」でさらに深めてみたい。

日本の古代史は「近代史」の問題

今語られている日本古代史は「近代史」である、という印象を私は強く持っている。そう思う理由について、まず述べてみたい。

私はここにその論理のはじめとして「鎌倉時代」について簡単に触れておきたい。それというのも、「日本古代史への疑問」が私においてのテーマとなるきっかけは「鎌倉史の謎」だったからである。

実は戦前、鎌倉時代は研究することが抑えられていた。戦後になっても、その状況のまま、「鎌倉時代」の研究は実質的に凍結したままになっている。そう考えたことがきっかけだったからである。

一八六九（明治二）年に「修史の詔」が出されたことは第一章の「近代における修史活動」のところで述べた。このとき太政官に史料編輯国史校正局が設置され三条実美に下された宸翰《しんかん》沙汰書に「修史ハ萬世不朽ノ大典」と始まり「今ヤ鎌倉已降ノ武門専権ノ弊ヲ革除シ、政務ヲ振興セリ。故ニ史局ヲ開キ、祖宗ノ芳躅《ほうたく》ヲ継ギ、大ニ文教ヲ天下ニ施サント欲シ、……」とのくだりがある。

おそらく「鎌倉已降ノ武門専権ノ弊（日本歴史で鎌倉時代以降は武士が政権を執るというひどい時代になってしまった）」とあることに起因し、その後次第に国粋的な思想が高まるにつれ、この部分が「鎌倉時代は日本の国の恥」というほどになり、そのためにこの時代が否定され、それを創建した「源頼朝」を国賊かのように語り、ひいてはわが国の歴史から「鎌倉時代を削れ」という意見が出るほどの急進的なものの見方も出て、「鎌倉時代」という時代研究も疎んじられ、「頼朝」は公に名前も出すことさえはばかられるという状況さえ生んでいった。

私は別の方面からの関心によって鎌倉幕府創設に深く関与した「文覚上人《もんがくしょうにん》」に関心を持っているが、この人物は明治の初め頃までは歌舞伎にも頻繁に登場し、平家物語・源平盛衰記等で語られてきた。民間説話的には「鳥羽の恋塚」「恋塚物語」「文覚瀧ごもり」等々もよく知られていた。「俗名遠藤盛遠、出家後の文覚」という人物像については、芥川龍之介が、一九一八（大正七）年に『袈裟と盛遠』（中央公論）という作品を出したが、その頃を境として、突如世の中から名前が消えていってしまった。これは戦後七十年といわれる現在になっても同様で、鎌倉幕府の成立に「文覚」という僧侶がからんでいた、などという話はまず聞くことができなくなってしまっている。

そうなってしまった淵源はどうも一八九二（明治二十五）年九月十一日の「國民新聞」に掲載された「革命的偉人として文覚上人を論ず」（境野怡雲）という投稿論文に発していたように思う。「文覚上人は頼朝を鼓舞して、日本に武家政治を創始するおおもと、つまり革命家であった」とする論調で、これ以来「嫌・鎌倉時代」「嫌・頼朝」「嫌・文覚」の思いは次第に高まり、いよいよ戦争が熾烈を極め、末期状態になる頃にはピークに達していたのだった。こうした明治以来の「鎌倉史」敬遠は、戦後正されたか。「鎌倉幕府成立論」はいまだに基本において戦前のレベルのままで停滞してしまっていると私は思っている。

それというのも「文覚」が敬遠されるとともに、それに関わる鎌倉時代を語るに欠かせない「修験道」「東北」などが同じく明治以降研究停止状態になり、実はそれは戦後も引き継がれて現在もなおそのままであると言えることである。こうしたことがらを避けている間はとうてい「鎌倉史」は語れないと思うのである。

言うならば、戦前という時代は七十年かけて、日本文化のある部分を意図的に消し去ったのであり、その代表が「頼朝」であり、「文覚」であって、何よりも究明されないままに放置されているのは「鎌倉史」であると私は思っている。

このあたりのことについては拙著『文覚上人一代記』『文覚上人の軌跡』『鎌倉史の謎』『文覚上人と大威徳寺』等々で論じているのでご参照頂ければ幸いである。

『日本書紀』の書名にある「日本」とは

私はこれまで『日本書紀』という書物の読まれ方について、

『日本書紀』は正しく読み直されなくてはならない。

という主旨を述べてきた。その意味を、ここで改めて確認したい。

『日本書紀』はその標題に「日本」とあるがために「わが国の歴史書」と思われているのではないだろうか。しかし、この書物が編まれたのは八世紀である、ということを思い返すと、この編纂時の「日本」という概念、さらにこの「日本」という言葉が生まれた背景等々を思ったとき、この言葉が近・現代人の思う「日本国」というイメージとはかなりかけ離れた意味ではないかと思われるのである。

近・現代人の理解している「日本」というのは地球規模での諸外国概念との対比が前提にあっての「わが国」という意味であるはずだ。

そういった検討を経ないまま、単純に『日本書紀』の「日本」という標題によってこの本が「わが日本国家」の古代史本という理解のもとで「古代史歴史資料」として扱ってきた。それは正しくないだろう。

では「日本」という言葉が成立したのはいつなのか。それは七世紀頃と考えられるが、その頃、確かに東アジア諸外国のことが意識され始めた中でこの言葉は生まれている。いわば国際社会を意識した上での「わが国」という点では近代と似ているのだが、決定的に違う点はここでの「わが国」というのはようやく大きな権力が形成されかかってきた畿内地域、いわば狭い地方王権としての「わが国」という点なのである。この部分をうっかり失念してしまうと重大な錯誤を犯してしまうことになる。

奈良時代、つまり律令もしっかり制度化され、五畿内（山城・大和・河内・和泉・摂津）・七道（東海道・東山道・北陸道・山陰道・山陽道・南海道・西海道）という概念のもとで国郡制が整った平城京の八世紀まで、中央集権については途上過程の時代であり、かつ「国」という言葉そのものは曖昧なものであった。列島の中にはその制度に組み込まれない独自の「わが国」がなお各地にあった可能性さえある。つまり、『日本書紀』という書物は、七・八世紀頃の畿内地区の王権にあった資料をもとにして編まれた地方的な「わが国の歴史書」であると考えなければならないだろう。

こう述べたからといって、『日本書紀』という書物を貶《おと》めることにはならない。そういう発想に立ってもなお『日本書紀』は重大な書物なのであり、これを正しく読む読み方は、別に存在しているのである。

明治維新以来、ここに述べたような『日本書紀』という書物そのものと、「日本」という言葉に関する問題点の検討を十分経ないまま「日本国の古代史」を語ってきてしまった弊害は大きい。

この問題について直接論を深めるのは第二章の「『日本書紀』解体」に譲るが、ここでは第二章への足がかりとして近代が認識してきた「古代史」への疑問をいくつか述べておきたい。

2　現行「古代史」への疑問・あれこれ

①　古代史の中の「倭」

古代史の「倭」の真実

『日本書紀』の中での「倭」「倭国」などの表現は、まず神功皇后紀での「大倭」「大倭国」の用法が目につくようになる。このことを理由にして少なくとも神功皇后の時代から「わが国＝倭・倭国」は間違いはないと思われがちである。しかし、この問題についてよく吟味しなければならない。まずこうした理解の中での「わが国」とは何を意味しているか、という大きなテーマを内包していると思うからである。

結論から先に述べることにしよう。

『日本書紀』に「倭・倭国」とある地域は、まず第一に明治以降の近代国家形成後の「日本」という国号が指す地域とは全く別のものである、ということを確認しなければならない。『日本書紀』に書かれている「倭・倭国」の文字は、言うなら畿内王権が七・八世紀頃になって自分の住む土地を呼ぶ言葉として使いはじめているに過ぎず、これを「『魏志』倭人伝」の記事と関係づけて語るのは全く見当ちがいである。『日本書紀』では古い時代を書いた部分であっても、それはほぼ八世紀当初頃の表現に過ぎない。『日本書紀』を注意深く読んでみると近代の私たちが理解している「わが国」に当たる「国」などはどこにも記述されていない。「倭・倭国」とある部分は全て、律令制度がかなりゆきわたってゆく時代、つまりせいぜい六・七・八世紀頃、対外意識の中で使われ始めた概念であって、それさえも近代人が理解している「わが国」とはなおかけ離れた形での「国意識」だったと思われる。

そのことは、『日本書紀』を克明に読めばわかることなのだ。『日本書紀』に使われている「倭・倭人」そして「日本」という言葉は定着しつつあっても、ここに使われている「倭・倭人・和」は例外なく七・八世紀頃の「畿内に成長しつつある政権」をさす言葉なのである。

定着の兆しは六世紀頃に見られるが、その頃は「畿内にあった政権」も様々に揺れ動いていた可能性があり、決して一定した意味のものではなかった。固定した「畿内政権」というイメージは、平城の地に京が移って以降、つまり奈良時代に入ってからのものであって、ようやくその頃になると、「倭・倭国」についての意味が定着した概念を持ち始めている。そしてそれは、現代風にいうなら「奈良県」ぐらいの意味で使われているのであって、どの場合も「紀伊・河内・摂津・山背……出雲国……」のように呼ばれる律令時代の国々と並列されて「倭・倭国」と使われている。

この「倭国」の表現が「大倭国」となり、「大養徳国」そして「大和」の文字に変化しながらはっきり定着するのは八世紀になってからのことである。

ちなみに『日本書紀』『続日本紀』を通じて「大和」という文字が初めて使われたのは『続日本紀』の和銅五（七一二）年九月三日の記事の「また天下諸国今年田租。并大和。河内。山背三国調。並原免之」の場合からである。なお「大倭国」は文武四（七〇〇）年十一月廿八日の「大倭国葛上郡鴨君粳賣一産二男一女。」の使用例が最初であり、「大養徳国」は天平九（七三七）年十二月廿七日の「改大倭國。爲大養徳国」（大倭国を、大養徳国となす）とあるのが初めてであり、これは天平十九（七四七）年三月十六日の「改大養徳國。依舊爲大倭国。」（大養徳国を、旧の大倭国となす）まで続く。そしてそれ以降にここにある「大倭国」がさらに「大和国」と書き改まっていく、ということになる。このあたりは、この後に「倭から日本への移行」の項で述べることにする。

　こうした事実を考慮せず、明治以降の「国史」も、また戦後の「日本史」でさえもが中国の歴史書『後漢書』や『三国志』にある三世紀頃の「倭・倭国」の表現を奈良時代になって使われることになった「倭・倭国」の表現と同一の意味であるかのように何の区別もなく「わが国＝倭・倭国」と語ってしまっている。

　この「倭国」の概念に「日本」の文字も使われ始めるのは七世紀になってからであるが、これも「日本＝近代流のわが国」かのように思いこんでしまっている弊害を伴っている。

　この時代になって使われ始めた「日本」文字の示す概念は、近代でのイメージに置き換えるなら「奈良県」といった概念である。『日本書紀』という書物のタイトルも同様である。言い方を変えれば当時の「日本」とは「奈良の地にある政権」「地方王権」が諸外国と対していたときの語であり、その状況のもとに『日本書紀』という書物は成り立っていると言うべきだろう。

　これを近代になって、「わが国の歴史を語る書物」とのイリュージョンのもとに「悠久の神話の時代から連綿と続く国」という架空の「日本国」を語ったのは明治政府だった。

　このあたりのことについて『中国正史　倭人・倭国伝全訳』（鳥越憲三郎著・中央公論新社刊）を見ることにしよう。その本の前書きで著者は執筆目的について次のように述べている。


　　中国の正史に見える倭人・倭国が、日本人・日本国に対しての呼称であるとしてきた先学者たちの見解を、真っ向から否定する。

　この本の著者がこのように思ったのは、著者自身がこれまでアジア各国で見聞してきた体験によるものだという。「倭人・倭国」の表現は「昔、中国の立場からわが国を呼ぶ称」といった辞書的な説明があるが、著者は、こうした理解は誤解であると述べる。「倭人」という語の起こりは、黄河流域を原住地として政治的・軍事的に覇権を掌握していた民族が、秦・漢の時代以降、長江流域にあった民族を迫害した。そのため長江流域にあった民族は四散亡命、そして、それらの民族に蔑称として「倭人」の名がつけられた、と。

それら「倭人」は雲南地方などに広く分布する少数民族であり、カンボジアのクメール人、タイやミャンマーの人々までがかつてそれらの土地から南下した人々であった。これは著者がアジアの諸地域を長年かけて調査してきてわかったことであるという。中国文献の「倭」の部分について、辞書にあるような固定概念のもとで一律に見ていたのでは本当のことは理解できない。その理解の及ばない部分については、これまで日本では無視する形の経過が見られた、という。

つまり「倭」という語の指す地域は現在私たちが理解している以上に広がりのある言葉であるということの指摘である。

こうした見方など参考にしつつ、私なりに『三国志』や『宋書』での「倭人」あるいは「倭国・倭の五王」と言われるときの「倭」などについてもう一度考え直したい。そのためには戦前の「大和朝廷」という概念を忘れて諸文献をありのままにみることが大切である。

以下、まず三世紀から七世紀頃までの中国の文献での「倭・倭人・倭国」などの使われ方の推移を確認してみることからはじめよう。

『日本書紀』「倭」文字の頻度

なおここには人名・役職名等に使われている「倭」の文字は外してある。またここに見る「倭」の概念はどの時代の場合も発想は近代の「倭＝わが国」という概念ではない。

	倭文神	倭直部	倭国	倭国造	倭	倭王	大倭	倭君	倭彦王	倭媛	大倭国	倭皇	倭漢	倭飛鳥	倭京	倭都	別倭種	倭客	倭家	倭地
神代上																				
神代下	2																			
神武天皇		1	1	1																
綏靖天皇																				
安寧天皇																				
懿徳天皇																				
孝昭天皇			1																	
孝安天皇																				
孝霊天皇																				
孝元天皇																				
開化天皇																				
崇神天皇			3		2															
垂仁天皇					2															
景行天皇			2		2															
成務天皇			1																	
仲哀天皇			2																	
神功皇后			2		1	2	1													
応神天皇							1													
仁徳天皇					6															
履中天皇					3															
反正天皇																				
允恭天皇					2															
安康天皇																				
雄略天皇			1	1	2															
清寧天皇																				
顕宗天皇					1															
仁賢天皇			1																	
武烈天皇					1			1												
継体天皇									2	1										
安閑天皇											1									
宣化天皇											1									
欽明天皇			6	1																
敏達天皇																				
用明天皇																				
崇峻天皇																				
推古天皇												1	1							
舒明天皇																				
皇極天皇			1		2								1							
孝徳天皇			4		2		1						1	1	1	2	1			
斉明天皇							2											2		
天智天皇			1										1		1					
天武天皇			3		1						1				5				1	1
持統天皇							3													

②　中国古文献「倭」の推移

【五世紀以前の「倭」】

『漢書』地理志

後漢の班固《はんこ》（三二～九二年。中国後漢《ごかん》初期の歴史家、文学者）などによって編まれた書物。漢の高祖劉邦《りゅうほう》から王莽《おうもう》の時代にいたる前漢の歴史を扱った正史。「前漢書」とも言われる。

「楽浪海中、倭人分為百余国。以歳時来献見云」（楽浪海中に倭人有り。分れて百余国と為る。歳時を以て来り献見すと云う）。

と書かれ、「倭人」について書かれた最古の記事。

『後漢書』倭

帝紀（本紀）と列伝の部分は南朝宋の范曄《はんよう》（三九八～四四五年）、志の部分は西晋の司馬彪《しばひょう》（?～三〇六年?）によって書かれた。この書の「東夷列伝」に「倭」の記事がある。

倭は韓の東南大海のなかに在り。山島に依りて居を為す。凡そ百余国。武帝、朝鮮を滅ぼして（前一〇八年）より、使訳の漢に通ずる者三十許《ばかり》の国あり。国、皆王と称し、世世統を伝う。その大倭王は邪馬台国に居る。楽浪郡の徼《きょう》（境）はその国を去る万二千里、その西北界の拘邪韓国を去ること七千余里。その地、おおむね会稽・東冶の東にあり、朱崖・儋耳と相近し。故にその法、俗は多く同じ。

……（一部略）

とあって、この記事の主語は「倭」である。そしてその「倭」とは三十ほどの国の集まりであって、それぞれに「王」があると書かれている。そのなかの大倭王は邪馬台国に居しており、多くの国は会稽《かいけい》・東冶《とうや》の東にあるという。この三十の国のなかの倭奴国《わなこく》が建武中元二（五七）年、奉貢し朝賀した。それから五十年後に「倭国」は乱れて女子、卑弥呼が共立されて王となった、ということが書かれているのである。

『三国志』魏書・倭人

西晋の陳寿《ちんじゅ》（二三三〜二九七年）の撰になる「魏書・蜀書・呉書」の三つの国のことを書いた書物。『後漢書』より先にできているが、述べられている時代順を優先して『後漢書』を先に置いて述べた。

記事の冒頭、先の『後漢書』では「倭」、こちらは「倭人」と始まるので「国」のことより「倭人」が記事のテーマである。なお内容的には『後漢書』と共通した部分も多く、『後漢書』の方が『三国志』「倭人」の部分を参照して書いたものではないかとの説もある。「倭人」の住む三十の国々についてはこちらの記事の方が詳しい。わが国ではこの記事によって、江戸時代以来、そのなかの一国である「邪馬台国」の位置はどこかという多くの議論を繰り返している。

ところでこの書に出てくる「邪馬台国」と私たちが呼びなれた国の「台」の部分の文字使用は「壹」であって「臺」ではない。このため「邪馬壱国《やまいちこく》」が本来ではないかという議論もあるが、ここでは「台」として進めていく。

この書物での「倭」文字の使用は冒頭の「倭人」以外に「倭種」「倭地」「倭女王」「倭王」などがあり、このことによってこの記事は「倭国」という国のことではなく、「倭人の住む国々」について述べているものであることがわかる。ただ、「倭国乱る」のように「倭国」の使用が数ヶ所見られる。この「倭国」の表現は固有の「倭国」という国の概念というより、「倭人の住む地の三十の国々」を総称した言い方であって、統一された国家の概念としての「倭国」という言い方はこの当時まだできていないと見るべきである。これは先の『後漢書』の場合も全く同様である。

『宋書』倭国

南朝宋の徐爰《じょえん》（三九四～四七五年）の撰。後に南朝梁《りょう》の沈約《しんやく》（四四一～五一三年）によって修正されたものがある。

この文頭は「倭国は高驪（麗）東南海中に在り」と書き出し、続けて讃《さん》・珍《ちん》・済《せい》・興《こう》・武《ぶ》と「倭」の「王」のことが出てくる。このあたりから、倭人の住む連合体を「倭国」と呼んで「国」の概念が生まれ始めていたことをうかがわせる。

なお、「讃・珍・済・興・武」の問題についてはこのあとのⅲ「『倭の五王』への疑念」のところで細かく検討したい。

ⅰ　『魏志倭人伝』での「倭は日本の国のこと」でいいのか

結論を先に述べれば『魏志倭人伝』での「倭」の概念は「三十国にわかれていて、その最初の国が「狗邪韓国」であって「韓」と陸中でつながり、そこから始めて海に出て残りの二十九の国が「一大国・末盧国・伊都国……」と続く、という書き方である。この最初の狗邪韓国、という国が新羅《しらぎ》と百済《くだら》に挟まれて常に小国に分裂・再編しながら苦悩していく後の「任那《みまな》」である。

これらを踏まえて、『魏志倭人伝』の「倭」について検討を続けたい。

「東夷伝」の「韓」の記事

『魏志倭人伝』といえば「邪馬台国」や「女王卑弥呼」の話題は尽きないが、このことを議論する前に、同じ「東夷伝」の中の「韓」の記事を確認する必要があると私は考えている。この部分を歴史家はあまり議論したがらないが、非常に重要である。その「韓」の記事の冒頭に以下の記事がある。

〈「韓は、帯方（郡）の南にあって、東西は海に限られ、南は倭と接している。その四方は四千里ほどであって、馬韓・辰韓・弁韓という三種からなっている」〉

つまり、「韓」は四方四千里のなかの馬韓《ばかん》・辰韓《しんかん》・弁韓《べんかん》という三種からなり、その南側は「倭と接している」とあって、ここに「接」という文字が使われていることに注目したい。他の地域の部分の例を全て併せて、この「接」の文字は海などは挟まず地続きであることを意味しており、この表現で見るかぎり「韓」は「倭」と地続きで接しているということになる。そして次のような表現が続く。

〈後漢の建安《けんあん》年中（一九六～二二〇）に後漢の地方官だった公孫度《こうそんど》が遼東地方に半独立の政権を樹立

するという事件が起こり、公孫度の嫡男である公孫康は、さらに南部の荒地を「帯方郡」とした。またそこに公孫模などを派遣して「韓」と「?」を討った。その後、「韓と倭は帯方郡に属することになった。」〉

さらに「韓」には三韓あって、その一つ「弁辰」（弁韓のこと）は十二の国々から成り立っており、そのなかに「瀆盧国《とくろこく》」という国があって、その瀆盧国は「倭に接している」という表現が続いている。これは冒頭の記事内容「南は倭と接している」をさらに具体的に説明していることになり、「韓」のなかでも「倭」と接しているのは「弁辰の瀆盧国」であることがわかるように書かれているのだ。そして「弁辰」について「鉄がとれ、韓・濊・倭がこれを採取している」とある。これらは「韓」と「倭」との位置関係を考えるにあたって重大な記述である。

ii 「東夷伝」の「倭人」の記事

ここであらためて『魏志倭人伝』での「倭人」についての書かれ方がどうなっているかを細かく見ることにしたい。ここに検討する以下のことは、先の「韓」の記事にあるとおり「韓」と「倭」が地続きであるということが前提になっていなければならないであろう。「倭人」の部分の前半部を示すと次のように展開している。

① 倭人は帯方《たいほう》（郡）の東南に在って大海の中、山や島によって国邑をなし、かつては百余の国で、漢

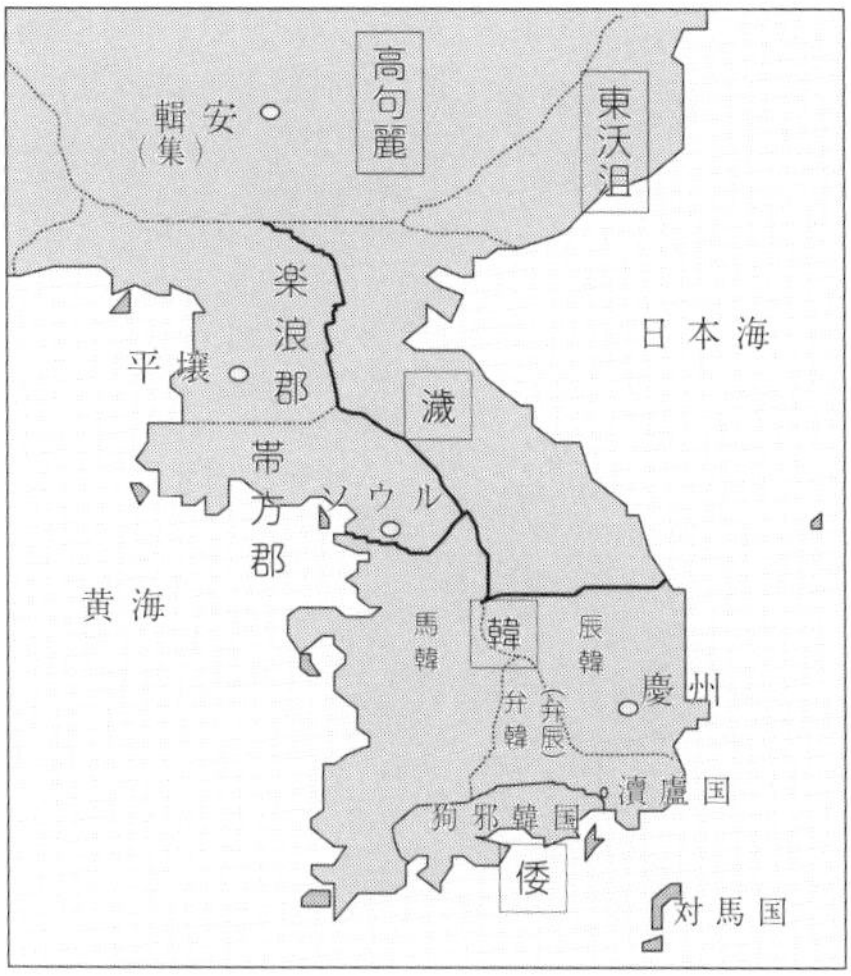

『魏志倭人伝』頃の朝鮮半島
狗邪韓国が 30 ある倭人国の 1 つであると書かれている。

の時、朝貢していた。今、使訳の通じているところは三十国である。

② 倭へゆくには郡（帯方）を起点にして韓国を南や東に進めて、其の北岸七千余里の狗邪韓《くやかん》国に到る。

③ そのあと、はじめて一千余里、海を渡ると対馬国に到る。

④ そのあと一支《いき》国・末盧《まつろ》国・伊都《いと》国・奴《な》国・不《ふ》彌《み》国・投馬《とうま》国・邪馬壹国の八つの国名がならぶ。（なお国ごとに簡単な説明がついている。そして最後の邪馬壹国については女王の都するところ、と説明されている）。

⑤ さらに以下に名前だけ示された二十一の国名が続く。

以上が「倭人」記事の前半部であり、これ以降これら三十の国々からなる「倭人」と「魏」の朝貢関係の記事となる。なお「邪馬壹国に都する女王」の名が「卑弥呼」であることや、その女王というのは国々が乱れたことによって「共立された」のであるなどについては、⑥としてまとめるべきものであり、それ以降を読み進めることによって確認される内容である。

さて、ここに「倭人」の前半部を①～⑤と詳細に示したのは、この「伝」の記録者が「倭人」についてどのように認識していたかを確認したいがためである。

①に「今、使訳の通じているところは三十国」とある。ところがその後に続く④⑤の部分にみる国の名について「対馬国」を一番目としてかぞえはじめると、その数は二十九国であって、三十には一国足りない。これはどう考えたらいいのか。

中国の文献での数字はあまり重要視してはいけない、ということであればこの検討はこれでとぎれてしまうのだが、ここでは「白髪三千丈《はくはつさんぜんじょう》」のような誇張が必要な部分ではないので、この「三十」という国の数を実態にもとづく数字と考えたい。

次に②の部分で気になるのは二点ある。その一つが「其の北岸七千余里」の「其の」の指す内容のことであり、もう一点は「韓国から……狗邪韓国に到る」とある表現である。

まず「韓国から……狗邪韓国に到る」という第二点目の方から問題にすると、これは、この表現者が「狗邪韓国は韓国の外部の国」、という認識であることを示していることになる。このことは先の「韓」の記事での「韓の南側は倭と接している」と連動してくることになる。「韓と南側で接」している「倭」とはどうも「狗邪韓国」のこととみられる。そこでこの「狗邪韓国」を一として加えると「倭人の国々」が三十であるということになるのである。

確認しておくべきもう一点は「其の北岸七千余里」の「其の」は何を指すか、ということである。「其の」とは一般的に表現上の前の部分にあるものを指すのだが、この場合はそういう文脈ではない。私は③の部分との流れから考えて、「狗邪韓国」以外の倭の国々は南方の海の先にあるため、いよいよ海へ出て最初に見る国が「対馬国」なので、そのことを強調して「其（対馬国）の北岸七千余里の狗邪韓国」という表現をとることになったのではないかと考えるのである。つまり、当時の中国側は「倭人」の住む地域について、少なくとも朝鮮半島の一部「狗邪韓国」を含んでいるものという認識だったことがこの文章から読み取れるのである。これは『後漢書』の冒頭部、

楽浪郡徼、去其国萬二千里、去其西北界狗邪韓国、七千余里。

〔楽浪郡の徼《きょう》（境）はその国を去る万二千里、その西北界の拘邪韓国を去ること七千余里〕

を読んでも同じ解釈ができる。以上、「韓伝」と「倭人伝」を総合してみた国々の配置を示したのが前ページの地図である。

ⅲ　「倭の五王」への疑念

五世紀に成った中国の『宋書』「倭国伝」についてさらに理解を深めたい。このなかに讃・珍・済・興・武という、現在私たちが一般的に「倭の五王」といっている人物のことがそれぞれ簡単な事跡によって述べられている。

書き出しは「倭国」とある。だから「倭国」について述べた記事であるという理解はいいのだが、それに対する現在のわが国における解釈については疑問が残る。主な内容を述べれば、以下の三点である。

イ　「倭国」は「わが国」でいいのか――五王を語るにあたって「倭国」とあるのを近代人の理解で

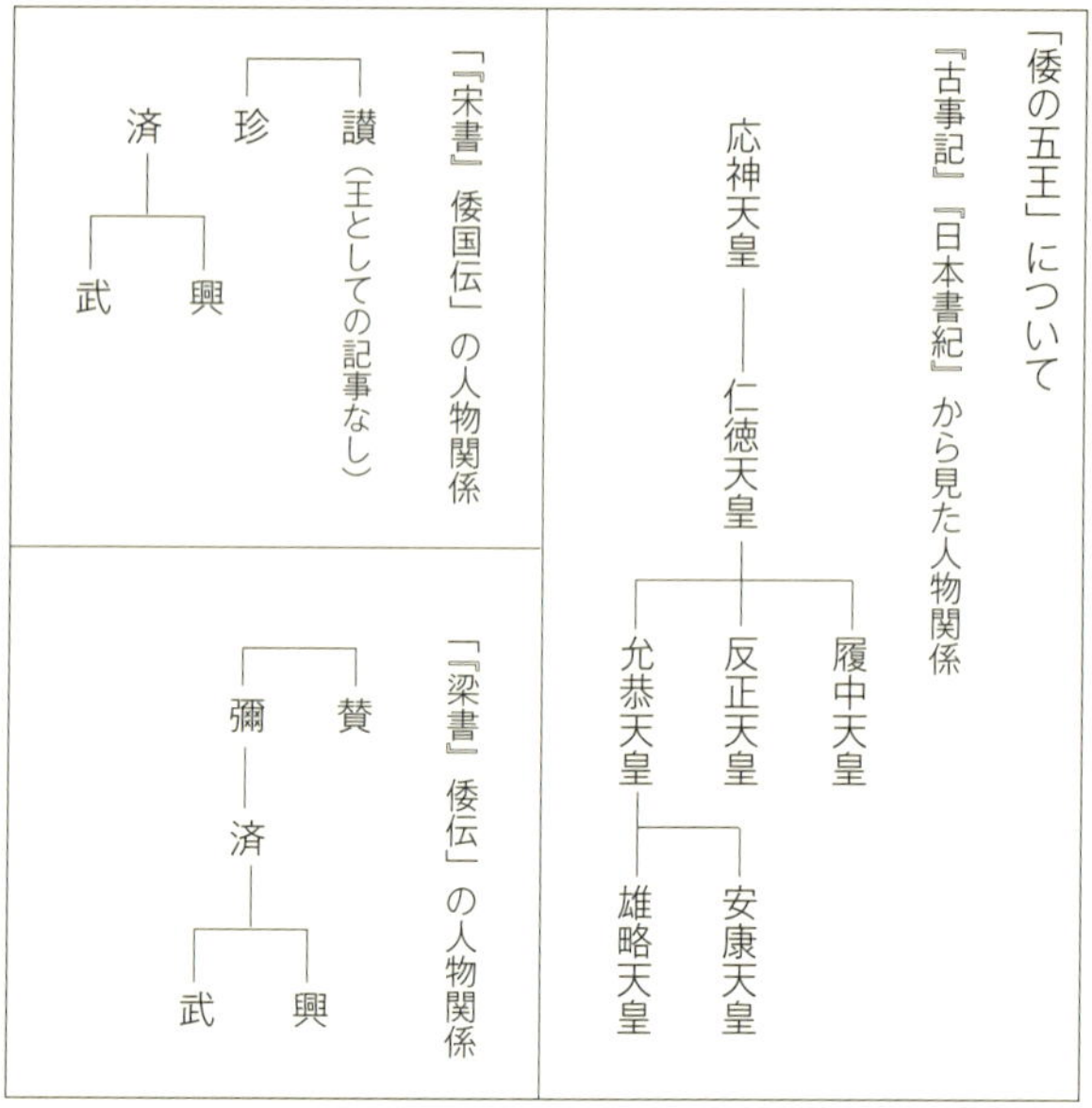

の「わが日本の」として論が展開されていることへの疑問。

ロ　「讃」は王ではない――最初に登場する「讃」には「王」という表現はどこにも見られない。つまり宋の国は「倭の讃」を「王」と認識していなかったのではないか、という疑問。

ハ　「王＝天皇」は正しいか――「倭国」をわが国であるとは考えられず、当然五王は「わが国の王」のことではない。

このイ・ロ・ハを総合して考えると、わが国の古代史での常識、「倭の五王」として語られている概念には無理があるということになる。『宋書』「倭国伝」そのものの記事によってもう少し検討することにしよう。

この「倭の五王」とは『宋書』の永初二（四二一）年、「讃」のことから記述が始まっている。

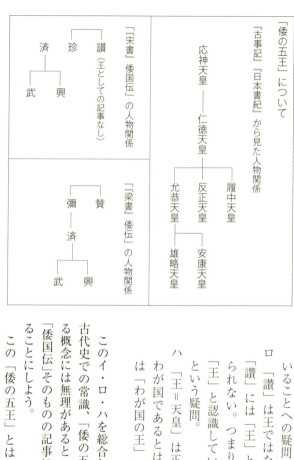

「讃」　宋の皇祖武帝が遠いところをいとわず誠実を尽くしたので「可賜叙授」、つまり「叙授されるにふさわしい」（叙授＝官職を授けること）人物だとほめた、と書かれている。

ただし、次に続いて書かれている四人には「自ら王と称す」または「王に叙す」のように「王」の表現があるのに、この人物に関してのみ「倭国王」という表現は、自称したかどうかも含め、一度も出てこないし、記録された内容も「奉献」した旨の簡単な記事だけである。

「珍」　讃の死後「弟である珍」が立ち、宋に貢献した。その際、安東将軍ほかの肩書きとともに自ら倭国王と称して事に臨んだことが書かれており、朝貢ぶりが認められて「安東将軍・倭国王」に叙された、と記事にはある。

「済」「倭国王済は」と書き始められている。先の「珍」との続柄についての記述がなく、「自ら倭国王と称し」の記事もない。ただ「復《ま》た以て安東将軍・倭国王と為す」とあって「安東将軍・倭国王」が認められたことが書かれている。

「興」「世子興（済の世継ぎである興は）」と書き始められ、「安東将軍・倭国王と可《すべ》し」とある。済と興とが親子であること、また宋の皇帝から「安東将軍・倭国王」を授けられたことがわかる。

「武」　興が死亡して「亡きあと弟の武が立ち」とあり、安東大将軍ほかの肩書きとともに「自ら倭国王と称し」たこと。また、様々な実績によって多くの肩書きとともに「安東大将軍・倭国王」に除（叙）されることを申し入れたことが書かれている。この後に、「武」が周辺諸国を平定したが高句麗だけが抵抗しているので是非とも「安東将軍・倭国王」等々の肩書きがほしいと申し述べ、それが許されたと書かれている。なお「武」は「安東大将軍」と一人だけ「大」の文字が加えて書かれている。

こうした記事によると先に見たように、ここでも「倭＝わが国」であることを明確に判断できる内容はない。「武」が周辺を平定し、朝鮮半島を経て高句麗にまで兵を進めたい、と思っていたと書かれていることを以て「わが国」の「王」の思いだったととる理解の発想は、やはり戦前の「こうありたい論」の姿そのものである。そしてさらに「五王」という言い方も怪しいことがわかる。「五王」ではなく「讃＋四王」なのではないのか、ということ。

また『日本書紀』の各天皇紀にはこれら「五王」という言い方はもちろんのこと、「倭国王」の文字も、さらに「安東将軍」「安東大将軍」という表現も出てこない。これは「倭の五王」という言い方は、わが国の歴史学が天皇紀の系図的、あるいは名との類似性からかなり無理な解釈をした結果のものであることを、示している。

ところで、この『宋書』の「倭の五王」を補う記述のある中国文献がある。『梁書』（七世紀前半の成立）である。この「諸夷伝・倭」のなかでは「晉安帝の時」（三九六〜四一八年）とあって「賛」「彌」「濟」「興」「武」の五王のことが書かれている。先の『宋書』と大きくちがうのは、「讃」にあたる人物かどうか「倭王賛」から始まっているのだが、ただし「讃」は「賛」の字になっており、そのあとに続くのは「珍」ではなく「彌」となっていて、五人は全て「有倭王、……」の形で「賛→弟弥→子済→子興→弟武」と列挙され、その名に続柄、兄弟か親子等々連続した関係として述べられている。

この「倭の五王」の理解をもう少し深めたいが、これを丁寧に説明した本は見つけにくい。日本の古代史関係の本で「倭の五王」はたびたびみるのだが、「倭の五王があったように……」と「すでに常識」という形で始まっているのが一般的である。もう少し基本の所、つまり「倭の五王」は日本の天皇に比定できるとする論理的な推移について立ち返って理解したくてもあまりそこに踏み込まず、多く話題にのぼる

【参考】『倭の五王』藤間生大著から

見林（江戸時代の学者）は『宋書九七列伝第五七夷蛮』の項目の所に出ている「倭国」の記事を全部引用し、そこに出ている倭王の名を、次のように解釈している。

最初に出てくる倭王の名、讃は履中天皇の名が去来穂別であるから、その呼び名を略したのである。「さ」と讃が同じというわけである。

二番目の珍は、反正天皇の名が瑞歯別であるが、瑞の字は珍の字とくらべると形が似ている。このため「なまって」珍となった。

三番目の済は、允恭天皇の名が雄朝津間稚子であるが、済と津の字は形が似ている。故に「なまって」済となった。

四番目の興は、安康天皇の名は穴穂、これが「なまって」興となった。

最後の五番目の武は、雄略天皇の名が、大泊瀬幼武であるから、これを略して武としたのである。……（藤間生大はここに引用部分以下に混乱した論展開はあると指摘）

……

こうした混乱はありながら、日本の人物を中国の年代に比定して位置づけようとしたことは日本古代史の原点を確立する上に大きな貢献をしたと言えよう。

「雄略天皇」は「武」という文字があることによって「倭王の武とは雄略天皇（大泊瀬幼武・オオハッセワカタケ）のことである……」と書かれるのみで、議論は無用、という雰囲気が強い。

そんななかで、いささか古いが『倭の五王』（藤間生《とうませい》大《た》著・一九六八年・岩波新書）は比較的手に取りやすく、かつ基本部分にも言い及んでいるという点で数少ない本であるといえる。この本をもとにして「倭の五王」について日本歴史学界におけるこの問題の基本部分をもう少し検討してみたい。

藤間生大の『倭の五王』では「様々な学説」という項で、これまでの「五王」に関わる学説が述べられている。そのなかで江戸時代の松下見林《まつしたけんりん》の功績が大きいと著者は語る。その部分については上に示した〈【参考】「倭の五王」藤間生大から〉を参照願いたい。

著者藤間は見林の見解にも様々な問題はあるとしつつも、基本的には「日本の人物を中国の年代に比定して位置づけようとしたことは日本古代史の原点を確立する上に大きな貢献をしたと言えよう」と評価している。そして「五王とその歴史的環境」という項で倭讃＝履中天皇、倭王珍＝反正天皇、倭王済＝允恭天皇、倭王興＝安康天皇、倭王武＝雄略天皇という見林の説を下地にしつつ、この本での中心的な論展開として筆者の「五王」に関する解説を行っている。

しかし、この基本に関わる解説を読むほどに、逆に、この「五王」理解の「ゆるぎない前提」は本当に妥当なのか、あらためて心配になる。【参考】の部分に見るとおり、見林の論はほとんど合理的な理屈によっていないことがわかる。

これは江戸時代のものである、という点で理解するとして、様々な角度からの検討が可能になった近代以降、今になってもなお、ほとんどこれと変わることのないままに展開しているわけであり、「倭の五王論」の「武」を始めとして各王の『記・紀』に登場する天皇名に比定する論は、危ういと言うべきではないだろうか。

あまり基本に立ち入った解説に出合わないのは、各学者方が、この問題は触れずにすませて「定説」に安住しようとしているからではないか、と思えてしまう。

先に確認した『宋書』及び『梁書』、この両書を併せて、説の立てやすい部分を引き出し、これらを縒《よ》り合わせ、その上に人物の系図的な類似性についても『日本書紀』などから都合のいい部分を取り出し論を立てて展開する。【参考・「倭の五王」関係図】はそうした作業によってできあがった一般的ないわば「定説」の例示である

この「倭の五王」については例の稲荷山《いなりやま》鉄剣の銘に関してあった「雄略天皇論」の正否を確認する上からも欠かせない問題なのだが、「そこに関しては議論は挟ませない」というような頑固さが見えている。一体この古代史論は何なのだろう。この稲荷山鉄剣の件は、のちに検討する。

ⅳ　「七支刀」における「倭」

七支刀は、現在奈良県天理市布留《ふる》町の石上《いそのかみ》神宮宝庫に保存されている。明治六（一八七三）年に発見され、これが『日本書紀』の神功皇后摂政五十二（三七二）年条の七支刀がまさにこれであろうとされた。そして「七支刀が百済から倭国に献上された」とする理解のもとで「倭国＝わが国」が朝鮮半島や中国大陸へ進出するのも当然の権利と考えることの根拠のように考えられた。その思考パターンは「好太王碑」の解釈の場合と全く一緒だった。

戦後の一九五〇年頃からこの七支刀にある銘文の研究がなされ始めた。書かれている元号がはっきり読めないことから「泰和」「太和」などの文字の判読に関わる論争や、「百済」「倭王」の文字がはっきり読めることから、七支刀が改めて古代日朝関係研究の上で貴重な史料との思いが強まっていくのである。つまり、戦前あった「わが国は四世紀頃朝鮮半島にあった国を属国としていた」という見方が誤りでない、という方向での論理の強化となって展開した。

ところが一九六三年金錫亮による「三韓・三国の日本列島内の分国について」という意味の論文が出て、「これは百済王側が倭王に下賜した」とする見方がここに加わり、「献上」されたか「下賜」されたかで立場が逆転してしまう状況も生まれた。

さらに一九九六年十二月に『石上神宮七支刀銘文図録』（吉川弘文館）が刊行されて文面の詳細な検討ができるようになり、そこに見られた表裏六十一文字で構成された文の解読という研究が新しい段階を迎え、表面三十四字中の「泰和四年五月十六日丙午」の部分が「泰始」ではないかとする説や、「泰初」ではないか等々の解釈のもと、その元号が中国「魏」のもの「西晋」のもの等々の意見で論争が出てきた。当然ここに百済の国家形成がいつなのかという議論等々も加わることになって様々な議論が続いている。

この論争の基本にあるのは、明治期にできあがった「倭＝わが国」の基本概念のもとに、「わが国が献上品を受け取った」と理解する日本側の論理と、これに対して朝鮮半島側からの「下賜」したものとする反論である。国家間の「誇り」のもとに贈った側と贈られた側の主体・客体がどちらかという、そんな論争になっている。論争は始まってからすでに百数十年経過しているが、いまだに決着を見ない。その原因は基本の「倭」の理解が双方ともに「倭＝日本」という明治以降の理解が前提になってなされていることだ。実は、このおおもと、「倭」の概念、そして「倭」の使われ方がどのような変遷のもとにあったかという視点が両者ともにないために、妙な、近代の国粋論のぶつかり合いになってしまっているのである。

「倭・倭国」とは近代以後のわれわれが思っているような概念ではなかった。当然、現在の常識かのようになっている「倭＝わが国」などという概念を私たちは払拭しなければならない。

V　七・八世紀の「倭」

ここまで見てきたのは四、五世紀頃までの「倭」「倭人」のことだったのだが、その後、この「倭」「倭人」の概念はどのように推移していったのだろう。

『隋書』倭国

唐の魏徴《ぎちょう》（五八〇〜六四三年）らの撰。

「倭国、在百済・新羅東南、水陸三千里。於大海中依山島而居。魏時、訳通中国。三十余国、皆自称王。……都於邪靡堆。則魏志所謂邪馬台者也。……」

〔倭国は百済・新羅の東南、水陸三千里の所にあり。大海の中において、山島に依りて居す。魏の時、中国に訳通す。三十余国（あり）、皆、自ら王と称す。……邪靡堆に都す。則ち『魏志』に謂う所の邪馬台なるもの也。……〕

と、書き出しが「倭国」であり、非常に明解な内容で、またその首都は「邪靡堆（「邪摩堆《やまたい》」か？）」とある。これは『魏志倭人伝』にある「邪馬台」のことだと述べ、魏志時代、倭人三十国連合での都と書かれている「邪馬台国」というのは首都「邪靡堆」のことであると述べている。また漢の光武帝の時代において倭人は「倭奴国」という国の名で朝貢していたことなどがその後に書かれるなど、『隋書』は遠い時代のことから書き始めたうえで、「その当時における現在」の状況に移って開皇二十年のことが語られはじめる。

　開皇二十年、これは西暦六〇〇年のことでわが国では推古天皇の八年に比定されている。記事内容は「倭王」のことにおよび、姓は「阿毎《あめ》」、字《あざな》は「多利思比孤《たりしひこ》（「比」の部分は「北」の字が使われている）」とある。これは男の名であって、『日本書紀』の同時代の記事と対比した場合、『日本書紀』では女帝「推古天皇」のことになり、両者は食い違うことはあるが、ここにある「倭王」の「倭」とは『三国志』の時代とちがって、わが国のことと見ていいだろう。

『旧唐書』倭国・日本

中国五代十国時代（九〇七～九六〇年）での後晋の時に劉昫《りゅうく》（八八七～九四六年）らによる撰。これが書かれた時代はすでにわが国は平安時代に入っており、記載されているのは七世紀後半から九世紀前半頃までの内容。「倭国」と「日本」と並列、別立てで語られている。どうして同じ国という扱いでいながら別に書かれているのか、これが大きな疑問となる。それぞれの書き出しは以下のとおりである。

「倭国」倭国は古の倭奴国なり。京師を去ること一万四千里、新羅東南の大海のなかにあり、山島に依って居る。東西は五ヵ月行、南北は三ヵ月行。世は中国と通ず。其の国、居るに城郭なく、木を以て柵を為し、草を以て屋を為す。四面に小島、五十余国あり、皆焉れ（倭国）に附属す。

「日本」日本国は倭国の別種なり。その国、日辺にある、故に日本を以て名とす。あるいはいう、倭国自らその名の雅ならざるを悪み、改めて日本となすと。あるいはいう、日本は旧小国で、倭国の地を併せたりと。

vi「倭」から「日本」への移行

ここで「『隋書』倭国」での冒頭部分の記述についてもう少し詳細に検討してみよう。まず最も大きな違いは、先の『三国志』では「倭人」がその標題だったことに対して、こちらは「倭国」が標題になっていることに注目したい。『三国志』当時三十の国々の連合はあったが、それはまだ「倭国」と呼ばれるほどまとまったものではなかった。それに対してこちらは「倭国」が標題であり、冒頭部は「倭国は百済・新羅の東南、水陸三千里に在り。大海のなかに於いて、山島に依りて居す」とあって、『三国志』を受け継いでいる部分は多いものの、明らかにここに数百年の時間の推移を読み取ることができる。『三国志』の頃、「倭人」の住む地域は「狗邪韓国」を含んでいたのだが、ここでは「倭国は百済・新羅の東南」と、現在の「地図」に近い感覚のもとで書かれている。また「邪靡堆に都す」とあって「倭国の都」が「ヤマト」だったとわざわざ語っている。

次の時代の記録である『旧唐書』ではどうだろう。標題は「倭国」と「日本」が並列されて、別立てで記事になっている。これは『隋書』『旧唐書』と時代が進むなかで「倭」または「倭人の国々」がしだいに「倭国」という一つの「国」意識で見られはじめていることを示しており、そして、一方でこの頃が「日本」という用語の使用を開始した時代だったことがわかる。

以上を簡易な表にまとめたのが【参考】「古代日本における国概念・国号の変遷」である。

枠内の3あたりから国内においては律令を整え、中央集権化が進みはじめた時期でもあった。明治維新以前にあった日本人の「国概念」といえば「おらが国」といったイメージのことであって、明治維新以前では「藩」、あるいは「領地」や「領国」のことに過ぎず、ましてや近代になって「大和朝廷」という言葉でイメージされてきたような「国」など過去のどの時代の人の心にもあり得なかったはずである。ただ、千数百年以前にも近代の「国家概念」に近い「国」の意識が目覚めはじめた時期はあった。

こうした時代背景のもとに編纂活動が進みはじめたのが『日本書紀』であり、この書物の中では書名を含めて様々な部分で「日本」の表現が多用されることになった。これは編纂活動の時、対外意識の目覚めと相対的な関係で「国家意識」も明確になり始めたことを象徴的に示しているのである。

<table>
<tr><td colspan="3">日本における時代推移とその特徴</td><td colspan="2">墳墓（弥生時代の墳墓から古墳時代へ移行）</td></tr>
<tr><td rowspan="2">「倭人」概念時代</td><td colspan="2">九州・吉備・出 雲・東国の毛野・畿内一帯等々100余国乱立時代</td><td>弥生時代墳墓から古墳時代へ</td><td>方形周溝墓・積石塚・支石墓・四隅突出型墓などがあり埋葬施設に甕棺なども見られる</td></tr>
<tr><td colspan="2" rowspan="2">倭人概念から倭国概念の時代に移行し始める
日本列島各地において古墳を競 って築く王権の乱立時代</td><td>初期古墳時代</td><td>列島各地に前時代の墳墓の発展形としての「古墳」が築造される</td></tr>
<tr><td rowspan="2">「倭国」概念時代</td><td rowspan="3">古墳全盛期から横穴墓群へ</td><td rowspan="3">各地の豪族がこぞって前方後円墳を営む。大型の前方後円墳が全国に広まる。
石室構造が発達するとともに小型円墳や横穴墓が多くなる</td></tr>
<tr><td colspan="2">列島各地の大型王権抗争時代。隼人・東国遠征などの説話に反映</td></tr>
<tr><td rowspan="3">律令制度の成立・倭国号・日本国号並立</td><td colspan="2">畿内にあった豪族初期王権へ。大化改新・壬申の乱など中央王権確立への説話の背景抗争時代を経て修史活動への移行</td></tr>
<tr><td>飛鳥時代
天皇号の成立</td><td rowspan="2">593・推古天皇即位（日本書紀より）
645・大化改新
672・壬申の乱
673・天武天皇即位
686・持統天皇称制開始
710・平城京遷都
720・『日本書紀』成立
737・大倭国を大養徳国
747・大養徳国を大倭国に戻す（これ以降『続日本紀』では「大和国」の表記となる。なお、この場合の「国」は国内の一地域の名として使われている）</td><td>薄葬令のもと火葬し納骨する風習は広まる</td><td>「古墳」は小型円墳化し収束の方向。
その代わり丘陵部壁面の横穴墓群などが多くなる</td></tr>
<tr><td>奈良時代
大和表記始
漢風諡号始</td><td colspan="2">『記・紀』は大和にできた王権が神武天皇以来連綿とつづいてきた形の歴史を述べるが、実質上「古墳の造営」と大和の王権とは無関係と見るべきである 。</td></tr>
</table>

※本来「倭」「大倭」には「ヤマト」の読みはなく、律令時代頃漢字の使用が一般化し、同時に「国家」意識が目覚めた頃、政治の中心地と認識するようになった一地方としての「ヤマト」の地名に外国文献にある「倭」文字を当て、時に「大倭」と表記する時代となる。その後「倭」を「和」と置き変えようになり、「大和」となったのは奈良時代中期からである。また「大和」は国郡制で、他の国と併列する「国」名としての使用である。

【参考】 古代日本における国概念・国号の変遷

中国の文献名	成立	主な内容
『漢書地理志』	32 ～ 92	楽浪海中倭人分為百余国以歳時来献見云（100 余国
『後漢書』東夷伝	398 ～ 445	建武中元二（57）年 倭奴国奉貢朝賀 使人自稱大夫 倭国之極南界也 光武賜以印綬
『三国志』魏書東夷伝倭人条	233 ～ 294	「邪馬臺国王卑弥呼も北朝である魏の国に朝貢し親魏倭王の称号を授かった」等の記事（30 国）
『宋書』	394 ～ 475	「倭の五王の讃、珍、済、興、武」の記事
4・5 世紀・謎の空白期間と一般には言われる		
『隋書』列伝 東夷 倭国	580 ～ 643	倭国の遣隋使のことなど。607 年に倭国王多利思比孤から派遣された遣隋使の使者が持参した隋への国書では、倭国王の表記を用いず、「日出処天子」と記している。
『旧唐書』 倭国と日本とを併記している	800 年代後半	倭国者、古倭奴国也 日本国者、倭国之別種也、以其国在日邊、故以日本爲名。或曰、倭国自悪其名不雅、改為日本。或云、日本旧小国、併倭国之地。
『新唐書』 東夷 日本	1000 年代	日本、古倭奴也。去京師萬四千里、直新羅東南在海中。……咸亨元年（670 年）、遣使賀平高麗。後稍習夏音、悪倭名、更号日本。使者自言国近日所出、以為名。或云。日本乃小国、為倭所并、故冒其号。使者不以情、故疑焉。
『宋史』外国伝 日本国	1300 年代中頃	倭国者、本倭奴国也、自以其国近日所出、故以日本為名。或云、悪其旧名改之也。

※『漢書地理志』『後漢書』『三国志』『宋書』などにおける「倭・倭人・倭国」などの「倭」は百余国などとあるように不安定な概念であり、「魏志倭人伝」「倭国」「女王卑弥呼」、あるいは「倭の五王」等々、どれも近代風の「わが国」概念関係のもとで語ることは穏当を欠く。

③「大王」イコール「天皇」の嘘

ｉ「結論」が先行して進む新発見遺跡の検証

近頃「大和朝廷」という言葉はほとんど使われなくなり、それに取って代わって独自に「初期倭王権」「倭王権」「倭政権」「ヤマト王権」「ヤマト政権」「大和政権」……等々表現を変えて使われている。これらに見られる「王権」とはいつどこで、どのように始まった「王権」なのか、妙に曖昧模糊としている。

古代史論のなかで「王権の始まり」や「王権の展開」などと題して古代の王権について語るのは何ら問題はないと思うが、その立論のなかで、現存する古墳について『記・紀』にある古代の天皇名をからめて語られるような場合、それは様々な問題を含んでいると見なければならないだろう。

昨今よく使われている「大王」の言葉も吟味してみるとひどく曖昧である。「大王」とは「天皇」のことであって「古代すでにそう表現されていた」ということは古代史の分野では現在常識となっている。その証拠・根拠は江田船山《えたふなやま》古墳、及び埼玉県の稲荷山古墳から出土した鉄剣に彫り込まれていた「大王」の文字であるとされている。とりわけ後発の稲荷山古墳から出土した鉄剣の金錯銘の「大王」文字の発見はその論理を強固にして展開したのである。

この論は「倭国王が大王を名乗ったことは、埼玉県の稲荷山古墳から出土した稲荷山鉄剣の銘文のワカタケル大王の名からも明らかである」という言い方、つまり鉄剣の銘「大王」が「天皇」を意味し、具体的には「雄略天皇」であるということが絶対的な条件となって成立している。そして、この常識は今や古代史を語る書物や論文のタイトルにも「大王の誕生」「大王の時代」「大王家の……」といった形で定着している。

しかし、これは前提の部分で、また結論についてもいくつか疑問点がある。例えば「倭国王が大王を名乗ったことは……」と書かれているが、すでに「倭国王」という表現の中に「わが列島に君臨していた王」＝「大王」＝「天皇」を結論としたい概念が基本的な前提となって論は展開しているのである。

にも拘わらず、その「不合理」には触れず、「ワカタケル大王」と判読できた、としてそれを理由にしてなお「こうでありたい」という解釈の集積がなされ、それが今日まかり通っているのである。

「大王＝天皇」は正しいか

「大王」という言葉が古代における中央政権の最高権力者のこと、つまり『記・紀』にある「天皇」にあたる古代語であると決めてかかれるのか、もう一度検討し直す必要があると思っている。

その前にまず「埼玉県の稲荷山鉄剣の銘文のワカタケル大王」の読みの問題自体について、別の論があることも忘れてはならないのではないか。そんな論の一例を次に示してみよう。

埼玉県の稲荷山古墳から出土した鉄剣の辛亥《しんがい》銘にある「獲加多支鹵」については、頻出する「獲」が正字の「獲」ではなく、艹が省略され、又が乂に変形した異字体であり、中国の金石文ではわずかに東魏から北斉にかけての一時期（五三四～五七七）にしか現れないことから（秦公輯『碑別字新編』文物文化社・一九八五年）、当然、辛亥年はこの期間ないしそれ以降に限定されることになる。稲荷山古墳出土の鉄剣銘の辛亥年は、これまで言われてきたように四七一年でも五三一年でもなく、五九一年である可能性がすこぶる高い。したがってワカタケル大王も、これを雄略天皇に擬することには疑問があり、またワカタケル大王の宮を斯鬼《しき》（磯城）と記している点からみても、欽明天皇とみて差し支えないと思われる。

するとワカタケル大王世に作られたとする江田船山古墳出土の有銘大刀も、欽明朝下の制作ということになる。欽明天皇の在位は五四〇年末から五七一年であり、その他の副葬品、金銅製の履や冠の年代を計る有力な手掛かりとなる。少なくとも江田船山古墳の築造年代は、これまで大刀の象嵌《ぞうがん》銘から推測してきた五世紀後半という年代からは大幅に後退することになる。したがって、江田船山古墳の年代を基準とするときには、藤ノ木古墳の年代も、もっと下がることが考えられる。

（国際シンポジウム『藤ノ木古墳の謎』より）

これはシンポジウムのなかでの発言の一つなのだが、これに続く議論があった様子は見えずこのシンポジウムでこれ以上には展開していない。その会場での直接の雰囲気を私は知らないが、ここで読むかぎり、この発言は冷たく無視されている。この発言者が考古学の専門家ではなく美術史が専門だったからではないのか。

ところで、これから検討したいのはここに見るような「ワカタケル」の読みに関する疑問点だけではない。さらに確認しておきたいのは、それ以前の問題として鉄剣に彫られていた「大王」という文字が「天皇」の意味である、とする論理そのものの立論の曖昧さについてである。

さらに言えば鉄剣が「五世紀のもの」か「六世紀のもの」か、こんなに重要な問題を「大王」と「大和朝廷」とに結びつけたがる専門の学者は、「大王」という言葉が『日本書紀』や『万葉集』等々でどのように使われているかという検討など、この問題に深く立ち入ることを避けて、「稲荷山鉄剣銘の大王とは雄略天皇」という結論のみを急いでしまう。これが戦前のみならず、戦後における歴史学会の現状でもあるのだ。

そして、さらに思う。そのこと以前に、こうした議論が『日本書紀』に記された「天皇名」と「その治世」というイメージ、つまり戦前からの固定観念による「常識」の中にあって議論されていることを、もっと憂うべきだと。

先にも述べたが『日本書紀』という書物の実際は畿内という狭い地域の、言うならば「私家版」としての歴史書である、ということに気づかなければならないと思う。内容の視野も「畿内」を出てはいないのである。『日本書紀』をこれまでの常識である「日本国第一の歴史資料」という発想のままで「古墳」を論じている間は古墳の実態は見えないし、ひいては日本の古代の真実は理解できない、ということを思わなくてはならない。

こうした様々な問題点が放置されたままで、「〇〇天皇の名があるから何世紀で……」と進めてしまう論法が今後も「日本史」の中で展開するのであれば「古代史論」は今後も修正できないまま砂上にむなしく屋上屋を重ね続けてしまうことになる。

この問題の検証のために「大王」または「王」という文字のことについてもう少し深めたい。

ⅱ　「大王」銘のある大刀・鉄剣

イ　江田船山古墳出土「銀象嵌鉄大刀」

埼玉県の稲荷山古墳出土の鉄剣銘の先例であるもうひとつの「大王」文字のある鉄でできた大刀のことも確認しておこう。

それは一八七三（明治六）年に熊本県の江田船山古墳の石棺から掘り出されたもので、七十五文字からなる銀象嵌《ぎんぞうがん》銘がほどこされていた鉄の大刀で「銀象嵌鉄大刀」と呼ばれる。そこには「復□□□鹵大王」と読める文字があった。

一九一二（明治四十五）年には古谷清によって文字の解釈が初めてなされ、さらに一九二二（大正十一）年には後藤守一によってさらに詳細な文字解読がなされ、本格的な学問の対象となった。

そして一九三三（昭和八）年（発表は翌年の「考古学雑誌」）に当時の金石文読解の大家であった福山敏男が「復□□□歯大王」を「ミヅハノオオキミ」と読んで「復」の文字が「蝮」の異字体であると考え、『古事記』にある「水歯別命《みずはわけのみこと》（反正天皇）」が「蝮《たじひ》の宮」にあったとの記事などから、この文字が反正天皇のことであるとした。そして「この大刀が肥後から出土したのは、必ずしもこの地で製作されたと考える必要はなく、恐らく大和または河内で造られて、この地にもたらされたとする方が穏当であろう」という見解とともに論が立てられ、これが定説となって経過していた。

この論を述べた個人のことはさておき、この論のなかには戦前という時代性のなかで、自ずから形成されていたその時代独特の発想が加わっていることと見なくてはならない。「必ずしもこの地で製作されたと考える必要はなく」とあるこの表現のなかにそれは表れている。ここにはすぐれた文化現象が見つかれば、

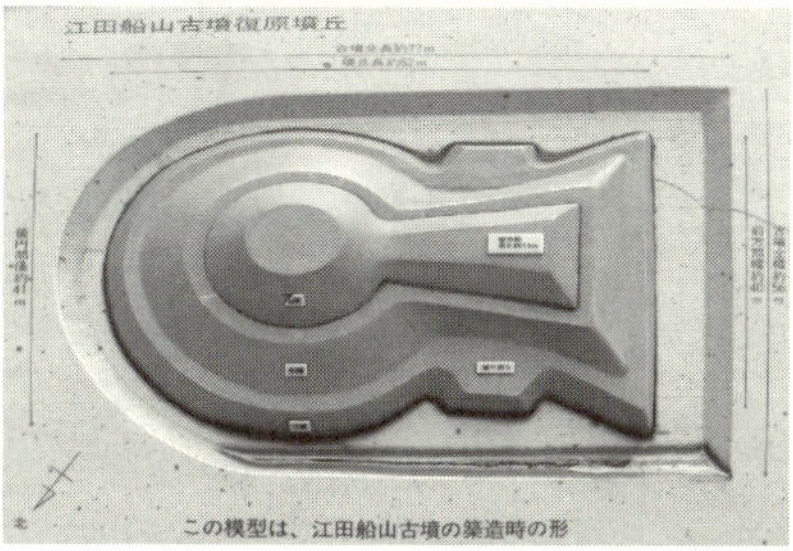

江田船山古墳

←現地説明板より
古墳全長 77m　墳丘長 62m
古墳全幅 56m　前方部幅 40m

その発生は「畿内」でなければならない、とする「予断」が働いている。むしろ当時はこれが自然なのであって、これに類することはこの一件だけではない。

ここにあった「大王」の文字について改めて注目される事が戦後になってもあった。それが埼玉県稲荷山古墳から金象嵌の文字が新たに確認された出来事である。

この発見によって考古学会、歴史学会はにわかにあわただしくなった。そして、結果的に稲荷山鉄剣の「獲加多支鹵大王」の部分の読みでの「獀」と「獲」の文字の解読の仕方の兼ね合いのなかで、古い方の江田船山古墳の「獀□□□歯大王（ミズハワケ大王＝反正天皇）」の部分についての読み方も新しい発見の方に合わせて「ワカタケル大王＝雄略天皇」と読むことに変更されていった。それは学問というより不都合だからそう変えるという印象である。

そして両方ともにあった「大王」という文字

は『記・紀』に登場する「天皇」を意味する言葉であるとの理解は固定された。これが今日の古代史の論の常識としていっそう強化されていくことになったのである。

□　稲荷山古墳出土「金錯銘鉄剣」

稲荷山鉄剣について、さらに深めたい。

この鉄剣は行田市にある「さきたま風土記の丘古墳群」の稲荷山古墳から出土したものである。この古墳群は九基からなる古墳群で、直径一〇五メートルの日本最大の円墳である丸墓山《まるはかやま》古墳、武蔵国のなかでは最大の二子山古墳（前方後円墳・一三八メートル）など古墳時代を考える上で重要なもので、これらの古墳を含む古墳群のなかの稲荷山古墳から一九六八（昭和四十三）年に鉄剣が出土したのである。

その鉄剣が発見されてから十年後に事は起こった。一九七八（昭和五十三）年、腐食の進んでいた鉄剣の保存処理を行う目的で奈良の公益財団法人元興寺文化財研究所に持ち込まれ、さびを落とし、レントゲン撮影しているときに金で象嵌された文字が発見されたのだ。

文字は表に五十七字、裏に五十八字あった。

表側の書き出し「辛亥年七月」が「四七一年」にあたるとされ、日本古代史を考える上から「書かれた史料の遺存しない五世紀」を知るきわめて重要な歴史資料となった。

その後、文字全体の解読が繰り返され、その方向性は、考古学会の重鎮、あるいは古代史関係の学者達がこぞって、この地域にまで雄略天皇の力、つまり「大和王権」の支配が及んでいた証しである、という論調でこれを語るようになっていったのである。

この出来事は日本歴史学における重大事として騒がれた。ところで、その騒がれ方の意味は何だったかを考えたい。

　それは、文字史料のほとんどない時代の文字、確かにこれだけでも騒ぐだけの意味はある。それに加えて江田船山古墳の例にあった「大王」という文字がこちらにも含まれていた、という問題も重大な要素であったと思う。熊本県の江田船山古墳での出土品によって「大王」が「天皇の意味である」という「定説」が既にできあがっていたなかで、これを補うように今度は関東での「大王銘」の出土である。このことが、とりわけ当時の「学会」において重要だったのではないのかと思う。

　それというのも、実は戦後になって、稲荷山鉄剣の「文字史料」より十年早い一九六八（昭和四十三）年にやはり関東の古墳が大きな話題になったことがあった。群馬県高崎市にある綿貫観音山古墳のことである。特に出土品の豊かさ、とりわけ特徴から朝鮮半島の百済の古墳などと対比される出土品が多くあったため、これらがヤマト経由ではなく、この地域の首長が直接海外と交流をしていた証しなのではないかという見方が生まれ、古代史を見る際の「古墳は大和朝廷からの伝達文化・文化は大和朝廷を軸にして広まった」という固定されていた「常識」を見直す機運が起こり始めていた時期であった。この風潮を抑える好材料として稲荷山鉄剣を利用しようと「守旧派」が躍り上がったのも無理はない。

　前例を下地にして「大王」とは「天皇」の意味で使われたものととらえ、「○○○○大王」の部分について先の例は「ミズハワケ＝反正天皇」であったがこち

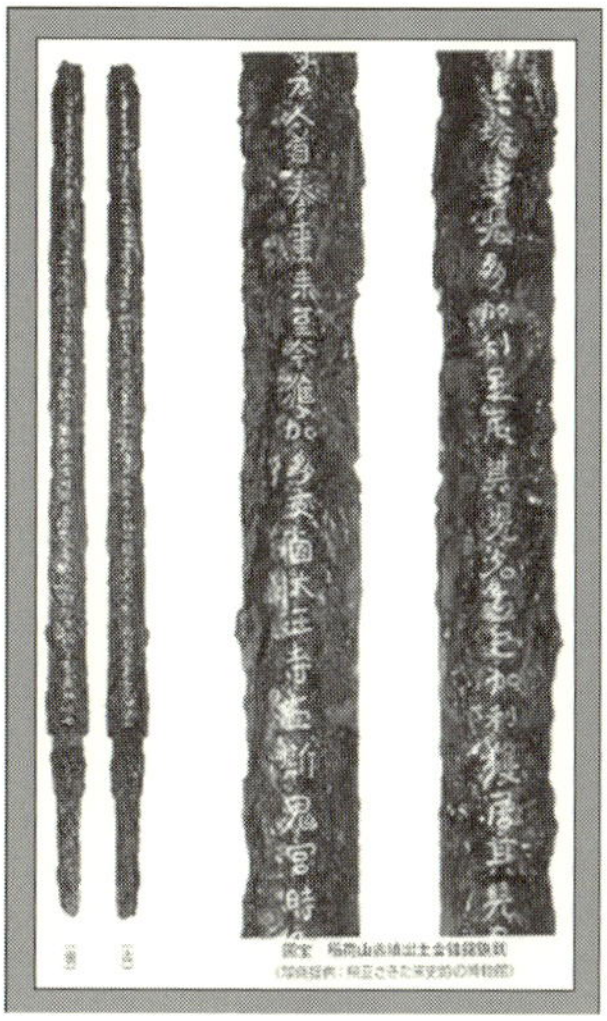

稲荷山古墳の金錯銘鉄剣

「王賜」銘の鉄剣　説明パネルより

稲荷台1号墳から出土した鉄剣より、王賜で始まる銀象嵌の銘文が、X線撮影によって発見され「王賜」鉄剣銘と名づけられました。

銘文　（表）「王賜□□敬」

（裏）「此廷□□□」

「王賜」鉄剣は、5世紀頃、古代国家成立期における畿内と東国との結びつきを知る上で貴重な資料と言えます。

平成元年3月

市原市教育委員会

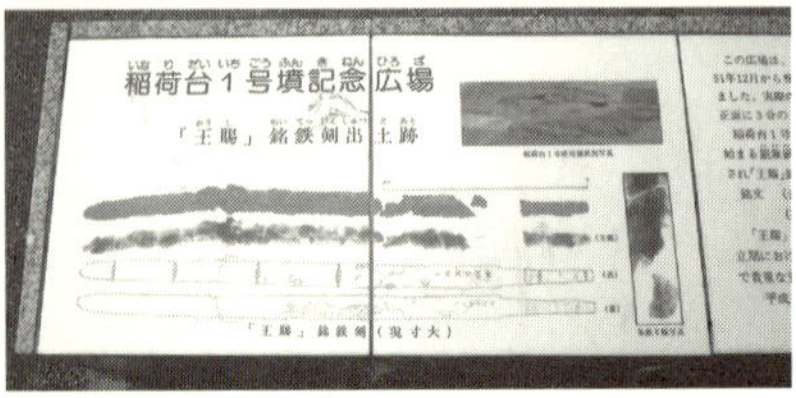

上　復元された稲荷山１号古墳／下　説明パネル

らは「ワカタケル大王」と読み「雄略天皇」と解釈される案が出され、この文字解読とともに古墳文化が「大和朝廷からの伝達文化」なのだという巻き返しの論調となって、たちまちその論が「古代史の常識」となり、「ワカタケル大王」がこの武蔵国に鉄剣を下賜したもので「ヤマトの王権」が「すでにこの地を制していた証拠である」と一斉に報じたのだった。そして、この見解は定着したかのようになって今日に至っているのである。

ハ　「王賜」銘の鉄剣

さらにもう一件千葉県市原市に国分寺台古墳群があり、その一支群である円墳十二基からなる稲荷台古墳群があった。そのなかの稲荷台一号墳と呼ばれる五世紀頃のものとされる円墳から、文字の刻まれた鉄剣が検出されていた。この古墳は一九七六～七七（昭和五十一～五十二）年にかけて調査された直径二七メートルの円墳である。

これもまた発見から約十年ほど遅れて、一九八七

（昭和六十二）年の鉄剣の保存処理中、国立歴史民俗博物館が行なったX線撮影で一本の剣の表裏に銀象嵌の銘文が確認された。この結果、さほど話題にもなっていなかったこの古墳及び鉄剣が俄然、学術の対象として注目を集めることになったのである。稲荷山鉄剣が話題になってほぼ十年後の出来事である。

現在この古墳自体は消滅しているが三分の一に縮小された再現古墳が造られ、その脇にこの古墳の概要を解説する焼き物のパネルが設置されている。

この「王賜銘《おうしめい》の鉄剣」の文字は「大王」ではなく「王」なのだが、「古代国家成立期における畿内と東国との結びつきを知る上で貴重な資料」と、この解説では多少抑制された形の表現になっているものの、実際はパンフレットを始めとして公式見解であるかのように、「王は古代の天皇のことであってこの剣は天皇が土地の豪族に下賜したものである」と結論づけられた説明がされている。

埼玉の稲荷山鉄剣は「大王」、そしてこちらは「王」なのだが、そんな違いはたいしたことではないかの如く、ともにこれを天皇のこととして「関東のこの地まで大和朝廷の勢力がおよんだ」と話は進んでいくのである。

ⅲ　「大王」という用語の揺れ

イ　「大王」という用語の使われ方

『記・紀』を見ると両書とも初代の「神武天皇」以下、ずっと「天皇」という語が使われている。ただしこの「天皇」の称号は七世紀の中頃に始まったものというのが現在の一般的な見方である。ではなぜ、それより遥か昔の神武天皇以下、各時代にわたって天皇号が使われているのか。それは、これらの書物が「天皇」号が制定された以降に編纂されたものだからである。

ちなみに、日本で「天皇」の用語が実際に成立したのは推古天皇の頃、そしてそれが定着したのが天武天皇の頃だとされている。このことによって現在「古代史」に関する論文や、出版物などでは七世紀以前に関しては「大王」の文字が使われる場合も多い。ただそうした表現では混乱するので、古代史の一般的な本などでは「天皇」という表現をそのまま使っている例もある。その場合は注釈が付き「大王」とすべきところだが便宜上「天皇と表記する」といった形で書き進められることになる。

ところで「大王」を使う場合、二つのパターンが考えられる。

①としては「天皇」にあたる語として仮に「大王」という表現を使っておこうという立場である。「アレキサンダー大王」などのように、とりあえず「古代の最高権力者」を意味する翻訳的な代名詞とほぼ同じ使い方である。
②としては日本の古代社会で「大王」は「天皇」という概念が成立する以前、実際に使われていたもの、とする説である。この説の最大の論拠は例の「鉄剣銘」などに「大王」の文字が使われている事実があるからとされる。

さて、ここで「大王」という語が「天皇」を意味すると考える論の問題点を考えてみたい。

先の①の「天皇」に当たる表現を「仮に大王」としておく、という論であればそれはそのまま成り立つことになる。「仮に」ということであるから、人によって「大公《おおきみ》」や「大君《おおきみ》」を使う、あるいは「古代の王権所有者は……」のように長い表現が使われてもいいわけである。

一方、②の方は、「天皇」はかって歴史的事実として「大王と言われていた」という立場になると、そう言える根拠が明確でなければならない。

ところがその「大王」なるものが統治していた「国」、よく使われる「ヤマト王権」のあった「国」とはどんなものだったのかを始めとして、その論は情緒的に流れていて明確とはいえないのである。

『日本書紀』を克明に調べてみると、全編を通して「王」は「皇子・親王」、「大王」はその「兄」のことを意味して書かれているのである。そして、私たちの知りうる『日本書紀』では初代の神武天皇以来「○○天皇」のように書かれており、さらに文脈で主語を表す代名詞として使われているのは全て「天皇は……」のように「天皇」の表現で全編を通して書かれている。天皇の代名詞として「大王」の使用は『日本書紀』のなかには全く例を見ないのである。

ロ『万葉集』における「おほきみ」

日本最古の歌集である『万葉集』で「天皇」はどのように表現されているかを確認してみたい。

まず『万葉集』の「歌」にはその歌の始めのところに「詞書《ことばがき》」というのがあって、例えば冒頭第一番の歌には、「泊瀬朝倉宮御宇天皇代《はつせあさくらのみやにあめのしたしらしめしすめらみことのみよ》［大泊瀬稚武天皇《おおはつせわかたけのすめらみこと》］／天皇御製歌」とある。この「詞書」は泊瀬朝倉の地に宮のあった時代を治められた天皇・大泊瀬稚武天皇のお作りになった歌、ということを示している。ただし、「詞書」自体は編集時の付け加えであり「万葉の歌」そのものとは別扱いしなければならないだろう。「うた」の後部に書かれている「左注」の場合も同様である。だからここでは一般に私たちが目にする「うた」の方の表現だけに注目しておきたい。

読み下された「うた」の元の表現は「万葉仮名」で書かれており、ここでは当時「使っていた言葉」をどのように発音していたかを知る上で大いに参考になる。つまり後世、漢字で「天皇」と表記したもとの「語り言葉（万葉仮名）」がどう対応するかが重要である。ただ一般の『万葉集』読者の目にする歌は漢字仮名交じりの現代的表現に書きかえられて示されている。

意味として「天皇」を指していると思われる万葉仮名または表記の文字は「大王」の表記が最も多く、「天皇・多公・王・須賣呂伎・皇・大皇・皇祖・公・於富吉美・於保伎美・於保吉民・憶保枳美・於保支見・意富伎美・意保枳美」などの例が見られ、これらを「すめろき」または「おほきみ」の読みにしたうえで共通的に「天皇」の漢字が当てられたかたちで現代の一般読者は「うた」を読んでいることになる。

ただし「おほきみ」が「天皇」にあたらない場合も多い。「八隅知之 吾大王 高照 日之皇子（やすみししわがおほきみ高照らす日の皇子《みこ》）・巻一・四五」のように万葉仮名は「吾大王」と書かれ、「わがおおきみ」と読んでいながら「天皇」の意味ではなく「皇子」のことを指している例も多くある。あるいは「額田王《ぬかたのおほきみ》」のような定着した読み方に「王＝おおきみ」の例もある。これは女性の名としてよく知られている。

これによって『万葉集』の時代では「おほきみ」という言葉そのものはあったものの漢字の使い方は「大王」「王」以下様々で、またとりわけ「おおきみ」が必ずしも「天皇」だけに使われた表現でもなかったことがわかる。ただ使われている頻度からいうと「大王」の文字がイコール「天皇」にあたる人物のことである例が多く、『万葉集』編纂の頃、「おおきみ」のイメージは比較的には「天皇」に近かったかもしれない。だからと言って、これを以て、「天皇」称号の制定される以前にはその権力者を「大王」と表記していた、などと言うわけにはいかない。

ⅳ 「日本」国号の成立

「日本」という表現がわが国で定着したのは七世紀の後半、天武・持統朝の頃と見られている。『日本書紀』という書物はその書名自体に「日本」という文字を含んでおり、さらにこの書物のなかで「日本」を「ヤマト」と読ませる例は至るところに見られている。これは「日本」という国号が定着してから編纂された書物であり、かつその編纂時の何らかのメッセージが古い時代を語る部分にも込められて「日本」の用字で表現されたのであろうことは容易に感じ取ることができる。

わが国において「日本」という表記は歴史的にどのように展開したのだろう。この国号使用の流れを追ってみよう。

書名は別にして『日本書紀』本文中での「日本」という表記の一番早い例は神話の中にすでに使われている。伊奘諾尊《いざなぎのみこと》・伊奘冉尊《いざなみのみこと》の「国生み」の話に「大日本豊秋津洲《おおやまととよあきづしま》を生む」とあって「日本」の表記について「耶麻騰《やまと》」と読むという注がついている。それ以降では「神日本磐余彦天皇《かむやまといはれひこ》（神武天皇）」、「日本武尊《やまとたけるのみこと》」のような例がある。

これら『日本書紀』にある記事を読んで私たちはついうっかり、神話時代から「日本」という国号はあったと錯覚してしまいそうである。現に戦前はほぼそうした言い方で「わが国・大和・日本」と同列に使用されていた。

この書物が本格的に編纂され始めたのは七世紀の天武朝頃からのことで「国記」の編纂に始まり「帝紀」「旧辞」「旧記」等々の先行史料を総合しながら新規に律令制度の成長期に編纂されたものであることを、もう一度冷静に確認しなければならない。

当然、神功皇后紀のなかに「東に神国有り。日本という。また聖王あり、天皇という」とある「日本」「天皇」の表現などについても「神功皇后紀」に想定された時代よりずっと後の人の概念によって述べられていることになる。

そうした『日本書紀』ではあっても、七世紀代以降については同時代性のものとして内容の真偽は別にして歴史的な資料性はあると考えられるが、その『日本書紀』、推古天皇二十八（六二〇）年の条に以下の記事がある。

皇太子。嶋大臣共議之録天皇記及国記。臣連伴造国造百八十部并公民等本記。

（皇太子〔聖徳太子〕は嶋大臣〔蘇我馬子〕とともに話し合って天皇記・国記、臣連・伴造・国造百八十部、さらに公民などの本記を記録した）

また皇極四（六四五）年六月十三日のいわゆる乙巳の変において、蘇我臣蝦夷らが殺される前のこととして以下のような記事がある。

蘇我臣蝦夷等臨誅。悉焼天皇記。国記。珍寶。船史恵尺即疾取所焼国記而奉献中大兄。

（蘇我臣蝦夷等は誅されるにおよんで全ての天皇記・国記・珍宝を焼いた。船史恵尺はその時すばやく、焼かれる国記を取り出して中大兄にたてまつった）

つまり国の歴史を整えようとしていたのは推古天皇の頃から、と見ることができる。とりわけ政庁を整えるにあたって周辺の旧豪族が持っていたこの記事のある史料が新たな「国家作り」の名において集められ、様々に利用されていたわけで、これら「収集・編集活動」の最終段階が『古事記』『日本書紀』となったものであり、その編纂が終わろうとする頃、これらのもとになる史料は何らかの事情があって各豪族の手元から没収する必要もあって「焼かれ」ようとしたり、あるいは個人所有を認めない「禁書」となったのではないか。

この「禁書」について奈良時代の『続日本紀』に次のように出ている。

挟藏禁書。百日不首。復罪如初。（禁書をしまい込み百日経っても自首しないものは本来のように罪する）

これは元明天皇紀の和銅元（七〇八）年正月、秩父国に銅が発見され、それを祝って元号を和銅と改めるとの詔のなかで、大赦を行うとあるその部分に出てくるものである。

大赦によって他の罪人は許されるが「禁書」を秘蔵し、届け出ない者は大赦されない、というわけである。この記事によって当時各勢力の間には「禁書」とされるものがあって、それが個々の所有のままでは不都合、という事態があり、こうした書物の管理について為政者が神経を使っていたことがわかる。この時代背景としては「律令」「修史」等の整備事業が完成期を迎えようとしている頃で、藤原宮から平城京に遷都するわずか二年ほど前のことである。

ところで、「日本」という国号は実際、いつ頃から使われ始めたのか。先に「倭国」「倭人」については中国の古い文献での「倭」「倭人」「倭国」の文字の使われ方、及びそれが「日本」となっていく推移について確認している（一〇二頁参照）。

一方、私たちが耳慣れている「大和」という国号は律令制の国郡制での「武蔵国」……「難波国」……等々、諸国のなかの一つの地域の名、現在の概念で言えば「県名」ほどの意味であって、はじめは「大倭国」と表記され、それが八世紀に入って「大養徳国《おおやまとこく》」の表現を経て「大和国」の表記に変わったものである。

日本国以前の倭国の段階を「大和王権」とか「大和朝廷」とか称する見解が一般的である。したがって歴史の教科書でもその用語はいまも多く使われている。しかし、その表記は正確にいえば間違っている。（『東アジアの巨大古墳』（「河内王朝と百舌鳥古墳群」上田正昭著・大和書房刊）

右の引用は今述べたことを指していると私は理解する。つまり、「大和朝廷」という言い方は、明治維新に始まる戦前という七十数年という時間経過のなかで、古代を語るにあたって理想のような国家観を想定しつつ作り上げてきた概念にすぎない、と言えるのだろうと私は考える。

v　持統女帝と神話

持統女帝は『日本書紀』では諡号《しごう》に「高天原広野姫《たかまのはらひろのひめ》」とあり、『続日本紀』では大宝三年十二月十七日の葬儀記事に諡《おくりな》を「大倭根子天之広野日女尊《おおやまとねこあめのひろのひめのみこと》」とした旨が記されている。『日本書紀』の最終編纂にこの女帝が大きく関わり、そして「神話」の部分を冒頭に置いた上で、天孫降臨の発想もそこに盛り込んだであろう事も「高天原広野姫」「大倭根子天之広野日女尊」などと呼ばれることになったことと大いに関係があると思われる。

女帝と「天皇・神」概念

この持統女帝と「天皇」という用語の定着と、その天皇が「神」と結びついて使われていくことの顕著な例をここに示してみたい。

実は、「天皇」または「皇子」が「神」と結びつくような記事は『日本書紀』の中にはほとんど見ることができない。あえて一例をあげるなら、景行天皇紀四十年の

王は答えて言った「われは現人神《あらひとがみ》の子である」と。

というところである。これは日本武尊《やまとたけるのみこと》が陸奥国《むつのくに》に入ったとき蝦夷に「あなたはまるで神のようだ」と言われたことに対して「私は神が人となって現れたものである」と答えた場面である。ところでこの記事も様々な用語の例からいっても、後世作られた説話であることがわかる。そして天皇と神が結びつくような表現は『続日本紀』になってからのものなのである。

一方、『万葉集』を見ると今確認した天武・持統朝の頃の歌に「大君神ながら……」「大君はにしませば……」という歌が出てくる。

そのことを以下に示してみたい。

イ　天皇を「神」とする『続日本紀』の記事

『続日本紀』各表現とも「宣命」の中の表現である。そしてこれに類する記事はその後も繰り返し用いられている。早く出てきた順に六例を示しておく。

文武元（六九七）年八月　〔現御神《あきつかみ》・高御座《たかみくら》・天都神乃御子《あまつかみのみこ》〕
慶雲四（七〇七）年七月　〔現神《あきつかみ》・神所念《かみとしておもう》〕
和銅元（七〇八）年正月　〔現神御宇《あきつかみのみよ》・随神所念《かみによりておもうところ》・神随所念《かみとしておもうところ》〕
神亀元（七二四）年二月　〔現神大八洲所知《あきつかみとしておおやしまをおさめる》〕
天平元（七二九）年八月　〔現神御宇・高御座・現神大八洲國所知〕
天平十五（七四三）年五月　〔現神御大八洲〕

ロ　「天皇」を「神」とする『万葉集』の表現

吉野宮の時、柿本朝臣人麻呂の作る歌

やすみしし　我が大君　神ながら　神さびせすと　吉野川　たぎつ河内に　高殿を　高知りまして
登り立ち　国見をせせば　たたなはる　青垣山　山神《やまつみ》の　奉《まつ》る御調《みつき》と　春へには　花かざし持ち　秋
立てば　黄葉《もみち》かざせり　ゆきそふ　川の神も　大御食《おおみけ》に　仕へまつると　上つ瀬に　鵜川《うかは》を立ち　下
つ瀬に　小網《さで》さし渡す　山川も　依りて仕ふる　神の御代かも　（三八）

反歌
山川も依りて仕ふる神ながらたぎつ河内《かふち》に船出せすかも（三九）
天皇の雷岳《いかづちのおか》に御遊びたまひし時に、柿本朝臣人麻呂の作りし歌一首　※持統女帝
大君は神にしいませば天雲《あまくも》の雷《いかづち》の上に廬《いほ》りせるかも（二三五）

この歌に見られる「我が大君」とは持統女帝のことであろう、というのが一般的な見方である。ちなみに持統女帝は在位中三十一回の多きにわたって吉野の宮へ出かけたことが、『日本書紀』には記されている。

壬申年の乱、平定以後の歌二首
大君は神にしませば赤駒の腹這ふ田居を都と成しつ（四二六〇）
大君は神にしませば水鳥のすだく水沼を都と成しつ（四二六一）〔作者〈未〉詳〕

右の二首は乙巳の変の後に天皇に即位した天武を讃えた歌である。「神の概念」を示す歌の例としては、これを最初に持ってくるべきかもしれないが、『万葉集』の掲載番号に従ってこれを後の方に置いた。この歌以降、天武・持統天皇やその皇子を読む歌の中に「神」をうかがわせるものが先の例で見たとおり出てくるのである。

第2章　『日本書紀』解体

Ⅰ　利用された『日本書紀』

1　『日本書紀』像「常識」の虚

①　『日本書紀』の記事との対話

まつろわぬ者

私は第一章ですでに『日本書紀』を読むにあたって、この書物の標題に「日本」とあるのだから「わが国家の歴史書」とされてきていることに対する問題を指摘しておいた。その要旨は『日本書紀』の書かれた時代と近現代における「日本」という概念は大きく違っており、それを考慮しないままにこの書物を読み続けてきたのは間違いであるということであった。

ここでは観点をさらに一歩進めて『日本書紀』に記載されている表現の事実を再確認しながら現在の古代史における「常識」についてその問題点を確認していくことにしたい。

『日本書紀』の編纂は八世紀のことだが、当時、中央集権化もかなり明確になっており、五畿内・七道という言葉も生まれていた。とはいえ、列島内各地にこうした制度に乗らない地方勢力がまだまだ各地にあった。

『日本書紀』では、列島内にあって律令制の中に十分組み込まれていなかった勢力について、蝦夷《えみし》・粛慎《しゅくしん》・隼人《はやと》などという名称で語られている。また畿内にあった政権にとって東国一帯は「化外《けが》の地」という意識がかなり後の時代まで続いていた。

それは奈良時代を通じて『続日本紀』の中に征蝦夷将軍・征夷持節《じせつ》大使・鎮狄《ちんてき》将軍・持節征東将軍などという言葉が多く使われている事実でわかる。万葉歌人として名の知られている大伴家持《おおとものやかもち》は晩年、持節征東将軍となっている。また平安初期の話として坂上田村麻呂《さかのうえのたむらまろ》は征夷大将軍の名のもとにアテルイと戦っている。さらに言えば平安時代末には源頼朝につけられた征夷大将軍の名称に見るようにまだその頃「みちのく」を化外の地と思っていた可能性をうかがわせる。

このことについて「平安末期には、源平争乱の中で征夷大将軍の称が復活し、しかも従来とは違った意味をもつようになった。」（平凡社・世界大百科事典の「征夷大将軍」の説明より）という説明もあるが、その後も武家の統領が江戸時代滅亡まで「征夷大将軍」を名乗ったその背景に生きていた問題は改めて検討し直す必要があるのではないか。

『古事記』の崇神記《すじんき》に大毘古命《おおびこのみこと》の子の建沼河別命《たけぬなかわらけのみこと》を「東の方十二道に遣わして、その麻都漏波奴《まつろわぬ》人どもを和平させたのであった」とあり、景行記には倭建命に詔して「東の方、十二道の荒夫琉神《あらぶるかみ》及び摩都楼波奴《まつろはぬ》人らを言向《ことむ》け和平させよ」と派遣した、ということが出ている。『日本書紀』には崇神紀の「四道将軍」のことや、日本武尊を征夷大将軍として東夷の各地をめぐらせた話が語られている。

ここには「まつろはぬ」、「律令の制度に乗ってこない」つまり、「王道に従っていない」勢力があるということを語るものであって、それは決して四・五世紀頃の話なのではなく、『日本書紀』が編纂された当時の状況を反映して作話された説話なのである。

こうした話に出てくる東国の「十二道」とは、「五畿七道」とあった「七道」の内の「東海道・東山道」などをさらに細分した地域を指すのだろう。ちなみに岩波書店の『古事記』によると伊勢・尾張・参河・遠江・駿河・甲斐・伊豆・相模・武蔵・総・常陸・陸奥の十二の国、と注しているのだが、これら「地域名」「道」の概念、等々どれも律令制度ができあがった後のイメージであることをしっかり確認しなければならない。

右のことは『万葉集』の歌を見ても確認できる。長歌の中であるが巻二の柿本朝臣人麻呂の長歌の中に「……鶏が鳴く　東の国の　御いくさを　召したまひて　ちはやぶる　人を和せと　まつろはぬ　国を治めと……」とある。これは壬申の乱に活躍した高市皇子の死に際して詠まれた歌で、この当時畿内での権力闘争は様々あり、その最大事件が「壬申の乱」と後世呼ばれた事件だった。

この歌の中に「まつろわぬ国」と表現したのは畿内での勢力争いだがそれ以外でも畿内以東の地には少なくともまつろわぬ勢力があり、この抗争にそのまつろわぬ者が、抗争中の一勢力に加勢していった様子がうかがえる。中央集権はこの時代でも揺れていたのである。

『日本書紀』と朝鮮半島

『日本書紀』という書物が「わが国日本の歴史を書いた書物」であるとする現在の「常識」は間違いで、その誤解のおおもとはこの書物の題名に「日本」という文字があるためだと先に述べたが、この書物について別の観点から私たちの「常識」が大きな間違いであることを指摘しておきたい。それは、この書物には

日本書紀と朝鮮半島

		任那日本府	日本府	安羅日本府	任那	高麗	新羅	百済	東漢
神代層	神代上						1		
	神代下								
A層	神武天皇								
B層欠損八代	綏靖天皇								
	安寧天皇								
	懿徳天皇								
	孝昭天皇								
	孝安天皇								
	孝霊天皇								
	孝元天皇								
	開化天皇								
	崇神天皇				2				
	垂仁天皇				2		6		
	景行天皇				2				
	成務天皇								
	仲哀天皇					1	2		
	神功皇后						44	30	
	応神天皇					8	9	13	
C層	仁徳天皇					5	10	6	
	履中天皇								
	反正天皇								
	允恭天皇						10		
	安康天皇								
	雄略天皇		1		6	18	18	25	1
	清寧天皇								
	顕宗天皇				4	2		1	
	仁賢天皇					4			
	武烈天皇							8	
D層	継体天皇				15	4	20	36	
	安閑天皇							1	
	宣化天皇				2		1	1	
	欽明天皇	5	25	2	126	33	95	96	
	敏達天皇				9	15	13	19	
	用明天皇								
	崇峻天皇				6		3	8	
	推古天皇				27	11	49	20	
	舒明天皇				1	3	6	13	
E層	皇極天皇				1	11	6	27	
	孝徳天皇				6	11	22	23	
	斉明天皇					10	13	28	
	天智天皇					21	19	33	
F層	天武天皇					25	2	16	
	持統天皇					3		14	

わが国のことよりも、むしろ朝鮮半島の記事の方が多いという事実である。

特にこの書物の中ほど、この後のⅡの1「『日本書紀』の層構造」のところで述べるD・E・F層のあたりになると（実はこの時代こそ、『日本書紀』が歴史資料としてかなり役立つ内容になる時代なのだが）、記事内容は少なくとも、日本側と朝鮮半島にある諸勢力とのやりとりが主になってくる。ちなみに、『日本書紀』で朝鮮半島に関わる記事の登場頻度について数字にしたものを掲げておいた。A層では神功皇后紀が突出しており、C層では雄略紀に多く集中している。そしてD・E・Fになるとほとんど満遍なく朝鮮半島が話題になっていることがわかる。

とりわけ欽明紀には「任那日本府」のことが書かれていて、記事のほぼ九〇パーセントについて書き手は「百済」側、または朝鮮半島側の視点に立っている。

そうした事実を古代史の専門家は承知しながらひた隠しして、これは「わが国の歴史書」であると、一般民衆に思わせ続けてきた。現に、これを書いている私自身がそう思いこむような教育を受けてきた。次の「中国に関わる記事」で述べるように、日本の古代はもっぱら中国の「隋」「唐」との行き来の中で文化を築いてきたのだ、と思いこみ朝鮮半島とのことは全く知らずにいた。

少なくとも私が日本史を教わる学生だった頃、「百済」「新羅」などという言葉はほとんど聞いたことはなく、天平文化は「唐の文化を受けて……」としか語られていなかった。「百済」などという言葉は奈良旅行で法隆寺へ行なったときに「百済観音」という仏像の名でほんのわずか聞いたくらいで、教える先生自身が古代史における「百済」という言葉の意味を知らないか、語れなかったのではないかとさえ思う。

これは先生の責任というより、そのおおもとになる日本歴史学の世界がその部分を語らずに来ていたからである。しかし他人のせいにせず当時、自分自身が能動的に『日本書紀』という書物を読んでいれば、「百済」という言葉が重要らしいということは、すぐ感じ取れることでもあった。

『日本書紀』は決して、一見読んで楽しい本ではない。一般の人は「歴史」と銘打った解説書に引用されたり、説明されたりする内容を以て『日本書紀』を知ってはいる。しかし、国民の一般は実質『日本書紀』を読んではいない。『日本書紀』は「常識」としてのイメージとは全く違う書物なのである。

現実には少ない中国に関わる記事

『日本書紀』の実態は朝鮮半島との交流史の書物であることを今述べたが、ではこの書物に中国はどの程度登場するのだろう。

実は驚くほど中国のことは書かれていないのである。神功皇后紀を読むと、この部分も新羅を中心とした朝鮮半島に金銀を狙って出かけていった戦争の話が中心なのだが、こうした話とは無関係に、註釈のような書き方で忽然と『魏志倭人伝』のことが出てきて、中国の「魏」という国の名が出てきて、この中で「邪馬台国」と「卑弥呼」のことがほんのわずか語られる。

当然これは『日本書紀』という書物の編纂時、編者の意図が卑弥呼と神功皇后のイメージが重なるようにという作為の仕掛けなのである。『日本書紀』の語る神功皇后の存在した時代を卑弥呼の時代とも、あるいは「邪馬台国」とも思わせ、さらに言えば神功皇后という存在も架空ではないと思わせる仕掛けなのである。それなのに、『日本書紀』にある記述だから「真実」という理由で戦前の国史はこのあたりのことを強調したのだ。

ところで『日本書紀』にはこれ以外中国に関わる記事はほとんどなく、推古紀になって「遣唐使」の記事が出てきて、ようやく中国が話題にのぼる。しかも時代的には本来「遣隋使」でなければならないのに、「遣唐使」と言っている。遣唐使は次の奈良時代、歴史書としては『続日本紀』の時代になって本格化する使節団のことなのだが。

『日本書紀』にはどういう理由か、推古紀二十六年秋八月朔（一日）の記事に高麗の報告として「隋《ずい》の煬《よう》帝《だい》は三十萬の衆《いくさ》を興して我《おのれ》を攻めたが返って、我がために破られた」という記事があって「隋の滅亡」を暗示している。そして『日本書紀』ではここに「隋」の文字を一度だけ使い、そのほかでは「随時代」のことも「唐」と書いている。

「十五年秋七月　大礼小野臣妹子《おののおみいもこ》を大唐《もろこし》に遣した。鞍作福利《くらつくりのふくり》を以て通事とした。」「十六年夏四月　小野臣妹子が大唐より戻った。唐国は妹子臣を号して蘇因高《そいんこう》と言った。即ち使人裴世清《はいせいせい》・下客十二人が妹子に従って筑紫にやって来た。難波吉士雄成《なにわのきしおなり》を派遣して大唐の客裴世清らをお迎えした。」といった形で「唐」との交流かのように語られるのだが、このあたりは全て「隋」の時代のことなのである。『日本書紀』は意図的にそう書いたのか。あるいは基にした資料が間違っていて、このようなことになったのか、または「隋」という国名を使いたくない重大な事情が編纂当時あったのか、はっきりしない。そしてこの件に関する疑問点は、わが国の近代では全く触れることがないまま、学生に教える教科書などでは「遣隋使」の話として説明している。

『日本書紀』の史料性

すでにいくつか述べてはいるが、『日本書紀』の「日本古代史」の史料性の問題について、もう少し述べておきたい。

この書物の史料性が神話の時代にまで及ぶ、という発想は全く意味がないことは言うまでもない。ただし、たとえ「畿内王権」の書物に過ぎないと限定しても、この書物が古代を語る重要な書類であるということは言える。ただし、たとえ七・八世紀のことであっても、以下の点を考慮することを前提とした上でのことになる。

『日本書紀』の記事を扱う場合、

①「伝承的」「説話的」であることを前提とした上での「史料」性はあるか、

②「時代」を特定するための「史料」であり得るか、

この二つの点を明確に区別し、確認しつつ利用しなければならない。

①の重大なところは、これが伝承的・説話的な語り物であると思いつつも、登場人物の役職名等々から歴史的真実と読んでしまいやすい。この書物が奈良時代に完成した書物だということを念頭に置かなければいけないという点であり、かなり古い時代の記述は当然として、飛鳥時代に入ってからの記事でも気をつけなければならない。

例えば、推古紀二十八年の条にある「皇太子と嶋大臣は共に議して、天皇記及び国記、臣・連・伴造・国造、百八十部、并せて公民等の本記を録した。」という記事だが、この「皇太子」は文脈からすると「聖徳太子」ということになる。だが、この「皇太子」という言い方は天皇制の確立とともに採用された言葉であって、この段階ではまだ成立していない。

同様に、この資料の中に「天皇記」「公民」という言い方があるが、「天皇」「公民」という言葉も同様である。言葉のみではなく、「推古」という女帝や聖徳太子と表現された人物が実在したかということも含めて検討が必要になってくる。

ただ歴史書を書く場合、後世の用語であるとわかっていながらも、それを使わないと表現できないという問題が多々生ずる。本書でも例えば「畿内にあった王権」と使ってはみたが、「畿内」という用語そのものは律令制度以降のもので、その記事の実質はそれ以前のことを述べている。このような用語の問題は神話時代の話の中にさえ出てくる場合もありうるので、単純にある用語を捕まえて、これだから「時代錯誤」と決めた言い方をしてしまってはいけない。文脈等々の中での慎重な検討が必要になってくる場合もあるだろう。

Ⅱ　『日本書紀』の実相

1　『日本書紀』の「層」構造

「層構造」とは何か（『日本書紀』構成図について）

前項（の一三二頁）でも『日本書紀』での「層」と表現した。この「層」という言い方は本書独自のものである。ここで改めて層とはどういうことなのかについて述べる。

次ページに示した「『日本書紀』の成立過程」という表をご覧いただきたい。これは『日本書紀』という書物の全体像、そしてその構造的なあり方から割り出した『日本書紀』の編纂過程の様子を一つの表にまとめたものである。つまりこの表を見ることによって、『日本書紀』という書物の全貌が一気にわかる。

(1)神話　　第一・二巻――――神代上・下
(2)Ａ層　　第三～第十巻――――神武天皇紀～応神天皇紀（第四巻を除く）
(3)Ｂ層　　第四巻（欠史八代）――――綏靖天皇紀～開化天皇紀
(4)Ｃ層　　第十一～第十六巻――――仁徳天皇紀～武烈天皇紀

[図表・日本書紀―1]　『日本書紀』内容特徴に見る「層」

層分け	巻数	『日本書紀』内容				岩波文庫本使用ページ数量	
神話層分け	一	神代上　天地開闢と神々・国生み・素戔嗚尊の誓約・天の岩戸・八岐大蛇				28 p	
	二	神代下　葦原中国の平定・天孫降臨・海神の国訪問				25 p	
巻第三以下　各天皇紀							
各天皇紀	巻数	天皇代数 漢風諡号	和風諡号と顕著な特徴 「日本」「天」文字のつく	各天皇 在位年	崩御時年齢		即位前紀事の量
A層	三	01 神武天皇	神日本磐余彦	76 年	127 歳	13 p	11 p 5行
A層 B層 欠史八代	四	02 綏靖天皇	神渟名川耳	33 年	84 歳	22 行	—
		03 安寧天皇	磯城津彦玉手看	38 年	57 歳	12 行	—
		04 懿徳天皇	大日本彦耜友	34 年	直接年齢を示す表現はないがいずれも百歳を超える天皇	9 行	—
		05 孝昭天皇	観松彦香殖稲	83 年		11 行	—
		06 孝安天皇	日本足彦国押人	102 年		11 行	—
		07 孝霊天皇	大日本根子彦太瓊	76 年		11 行	—
		08 孝元天皇	大日本根子彦国牽	57 年		13 行	—
		09 開化天皇	稚日本根子彦大日日	60 年		13 行	—
	五	10 崇神天皇	御間城入彦五十瓊殖	68 年	120 歳	9 p	4 行
	六	11 垂仁天皇	活目入彦五十狭茅	99 年	140 歳	12 p	4 行
	七	12 景行天皇	大足彦忍代別	60 年	106 歳	16 p	3 行
		13 成務天皇	稚足彦	60 年	107 歳	1 p強	2 行
	八	14 仲哀天皇	足仲彦	9 年	52 歳	5 p弱	4 行
	九	神功皇后（摂政）	気長足姫	69 年	100 歳	15 p弱	8 p 6行
	十	15 応神天皇	誉田別	41 年	110 歳	9 p強	6 p
C層	十一	16 仁徳天皇	大鷦鷯	87 年	年齢記事なし	16 p強	3 p
	十二	17 履中天皇	去来穂別	6 年	時年七十	5 p強	2 p 9行
		18 反正天皇	瑞歯別	5 年	年齢記事なし	9 行	4行
	十三	19 允恭天皇	雄朝津間稚子宿禰	42 年	時年若干	9 p弱	12行
		20 安康天皇	穴穂	3 年	年齢記事なし	2 p強	1 p
	十四	21 雄略天皇	大泊瀬幼武	23 年	年齢記事なし	21 p弱	2 p
	十五	22 清寧天皇	白髪武広国押稚日本根子	5 年	時年若干	11 p強	1 p 2行
		23 顕宗天皇	弘計	3 年	年齢記事なし	8 p弱	3 p 9行
		24 仁賢天皇	億計	8 年	年齢記事なし	3 p	2 行
	十六	25 武烈天皇	小泊瀬稚鷦鷯	8 年	年齢記事なし	4 p	2 p 7行
D層	十七	26 継体天皇	男大迹	25 年	時年八十二	14 p	10行
	十八	27 安閑天皇	広国押武金日	2 年	時年七十	4 p	4 行
		28 宣化天皇	武小広国押盾	4 年	時年七十三	2 p	4 行
	十九	29 欽明天皇	天国排開広庭	32 年	年齢記事なし	31 p	13行
	二十	30 敏達天皇	渟中倉太珠敷	14 年	年齢記事なし	10 p	2 行
	二十一	31 用明天皇	橘豊日	2 年	年齢記事なし	3 p	2 行
		32 崇峻天皇	泊瀬部	5 年	年齢記事なし	5 p強	5 行
	二十二	33 推古天皇	豊御食炊屋姫	36 年	時年七十五	18 p	6 行
	二十三	34 舒明天皇	息長足日広額	13 年	年齢記事なし	9 p強	5 p
E層	二十四	35 皇極天皇	天豊財重日足姫	4 年	—	14 p	3 行
	二十五	36 孝徳天皇	天万豊日	10 年	年齢記事なし	26 p強	1 p 5行
	二十六	37 斉明天皇	天豊財重日足姫	7 年	年齢記事なし	11 p強	4 行
	二十七	38 天智天皇	天命開別	10 年	年齢記事なし	14 p弱	1 p
	—	（39 弘文天皇）	（明治追加された天皇）		—	—	—
F層	二十八	天武天皇即位前	天渟中原瀛真人　壬申の乱	1 年	年齢記事なし		12 p 5行
	二十九	40 天武天皇	天皇紀	14 年		34 p	—
	三十	41 持統天皇	高天原広野姫	11 年	—	23 p強	2 p 弱

(5)D層　　第十七～二十三巻――継体天皇紀～舒明天皇紀
(6)E層　　第二十四～二十七巻――皇極天皇紀～天智天皇紀
(7)F層　　第二十八～三十巻――天武天皇即位前紀（壬申の乱）～持統天皇紀

という構造になっている。

各「層」の特徴

はじめのグループは神話の層で第一・二巻（神代上・下）。

⑴神話の層［神代・上・下］

わが国がどのように悠久な歴史を持っているかを語るために、宇宙の渾沌から語り始めるいわゆる神話の部分である。

巻第一［神代・上］天地開闢《かいびゃく》・国生み・素戔嗚尊《すさのおのみこと》の誓約・天の岩戸・八岐大蛇《やまたのおろち》
巻第二［神代・下］葦原中国《あしはらのなかのくに》の平定・天孫降臨《てんそんこうりん》・海神の国訪問

これ以降（巻第三～巻第三十）は、いわゆる天皇紀と呼ばれるところである。

(2) A層［百歳を超える天皇紀のグループ］

例外はあるが年齢が百歳を超える天皇の時代である。記述内容はスペクタルに富んでおり、天皇紀でありながら神話の延長的な要素が強い。

飛鳥時代頃になって自己の政権がそれなりの基盤を持つ国であることを示すため、中国で行われていた暦法を援用してわが政権の歴史の古さを対外的にアピールしようとした。そうした考えのもとに歴史をまとめようという意志が高まっていき、そうした流れを受けて八世紀に完成したのが『日本書紀』であった。

わが国が神の代から語りおこし、それに見合う古さのもとで政権が生まれ現在につながっている、との構想のもと初代天皇から編纂当時での現天皇まで連綿と一系のもとにつながっている希な「国」であることを語っている。

初代の神武紀冒頭に「皇祖から始め神の聖の恵みが重なって、多くの年」を経て「自天祖降跡以逮。于今一百七十九萬二千四百七十餘歳（天祖が降臨してより今に至るまで百七十九万二千四百七十余年）」と表現した上で、各地にある国々には争いが絶えない。これらを治めるためによい土地があるのでその地をめざすことにしよう、と「東方のよい土地」をめざして「東征」に出発する。そしていくつかの苦難の末、橿原で即位して初代の天皇となった。これが神日本磐余彦《かんやまといわれひこの》（神武）天皇であると述べ、初代の天皇紀は実質この東征の四十有二年までで終わり、それ以降は七十有六年の在位で崩御した旨が述べられるのみで、次の天皇紀に移っていく。

この初代とはどのくらい以前の人なのか。出発を決心した年が「是年太歳甲寅」とあり、橿原即位が「辛酉年春正月一日」、そして崩御の時一百二十七歳であった、と述べている。

二代目以下の八代は異例なので（一般に欠史八代と呼んでいる）、これをいったん除いてB層としてまとめ、初代及び十代目から十五代目を一つのグループとしてこれらをA層としてある。このA層は例外一名を除き、みな百歳を超えるという共通点を持つグループである。

その内容は、以下のようになる。

初代	神日本磐余彦（神武）天皇	在位七十六年	年齢百二十七歳	
十代	御間城入彦五十瓊殖（崇神）天皇	在位六十八年	年齢百二十歳	
十一代	活目入彦五十狭茅《いくめいりひこいさち》（垂仁）天皇	在位九十九年	年齢百四十歳	
十二代	大足彦忍代別《おおたらしひこおしろわけ》（景行）天皇	在位六十年	年齢百六歳	
十三代	稚足彦《わかたらしひこ》（成務）天皇	在位六十年	年齢百七歳	
十四代	足仲彦《たしなかひこ》（仲哀）天皇	在位九年	年齢五十二歳	
摂政	気長足姫《おきながたらしひめ》（神功）皇后	在位六十九年	年齢百七歳	
十五代	誉田別《ほむたわけの》（応神）天皇	在位四十一年	年齢百十歳	計八百六十九歳

⑶B層［欠史八代・和風諡号に「日本」文字のつく天皇紀のグループ］

この八代は前後と全く別に加えられたものであることを、いくつかの特徴で示している。とくに著しい特徴は、「○○天皇の父は……、母は……、兄弟は……」といった記事のみで、伝記としての内容がほとんどなく八代続いている。このため、ここの八代を歴史学は「欠史八代」と呼んでいる。

この欠史八代の各天皇のもうひとつの特徴は（一部例外はあるが）、ほとんどの天皇の和風諡号に「日本」の文字がついていることである。

その様子は以下のとおりである。

二代　神渟名川耳《かんぬなかわみみ》（綏靖）天皇　在位三十三年　年齢八十四歳
三代　磯城津彦玉手看《しきつひこたまてみ》（安寧）天皇　在位三十八年　年齢五十七歳
四代　大日本彦耜友《おおやまとひこすきとも》（懿徳）天皇　在位三十四年
五代　観松彦香殖稲《みまつひこかえしね》（孝昭）天皇　在位八十三年
六代　日本足彦国押人《やまとたらしひこおしひと》（孝安）天皇　在位百二年
七代　大日本根子彦太瓊《おおやまとねこひこふとに》（孝霊）天皇　在位七十六年
八代　大日本根子耜子彦国牽《おおやまとねこひこくにくる》（孝元）天皇　在位五十七年
九代　稚日本根子彦大日日《わかやまとねこひこおおひひ》（開化）天皇　在位六十年

(4)Ｃ層［葛城氏の興亡で終止する天皇紀のグループ］

ここでの記事は歴史書としての様子を示しているものの実質的内容は葛城氏一族の内部紛争のみの記事に終止している。ここに書かれた記事をもとに作製した「葛城勢力関係系図」を見れば、このＣ層は葛城氏の消長史と言っても過言ではない。

『日本書紀』のこの事実を見るかぎり、万世一系を語る意図が編纂者にはあるものの『日本書紀』という書物自体がそれは表向きのことである、と語ってしまっている。それというのもこの系図の母系は葛城氏以外はなく、むしろ葛城王朝の系図を借用した上で全体的には万世一系らしく整えたという方が自然に見える。そして、このグループの中の各天皇紀にもあるが、『日本書紀』という書物全体を通して見えてくる「葛城氏」の大きな影と、それに付かず離れず何らかの形でかかわっていく「出雲」の影があるのである。これらを克明に分析すると、『日本書紀』の編纂の背後に「飛鳥時代」以前の畿内（この言葉はもっと後世のものであるが便宜的に使っている）の地域の古い時代に「葛城対出雲」のせめぎあいの時代があったことをうかがわせる要素が十分ある。

⑸D層・E層・F層について

次に示す系図は三層を一つにまとめたものである。網掛けによって、系図内の勢力分布とその関係が分離している様子を示している。これによって『日本書紀』という書物の最も肝心な部分が明確に見える図となるからである。そのことの意味を層ごとに別けて述べることにしよう。

D層は大陸系男大迹（継体）天皇の参入とその後を述べるグループによって成り立っている。つまり、畿内に外部から入ってきた男大迹王（継体天皇）の話に、当時葛城氏に代わって畿内の中心勢力になっていた蘇我氏一統の内部抗争を中心に置いて書かれたグループである。この状況を見ると前のC層の場合と合わせて、『日本書紀』は形式的に万世一系を述べてはいるものの、実質は畿内というごく限られた地域に展開していた豪族間の抗争の歴史が色濃く反映された書物であることがわかる。

E層は蘇我氏と継体天皇系との政争によって成り立っており、大きな勢力だった蘇我氏一統の内部分裂の中で、畿内に入ってきた男大迹王の系列の一統が台頭勢力の藤原氏と合同して統一政権を形成してゆく様が述べられている。

F層はこの勢力が次代の平城京を中心に中央集権を完成した「倭国・大倭国・大養徳国・大和国」等々の表現を使ういわゆる「ヤマト」王権を形成し、後のいわゆる「奈良時代」に移行していく様子を語ってい

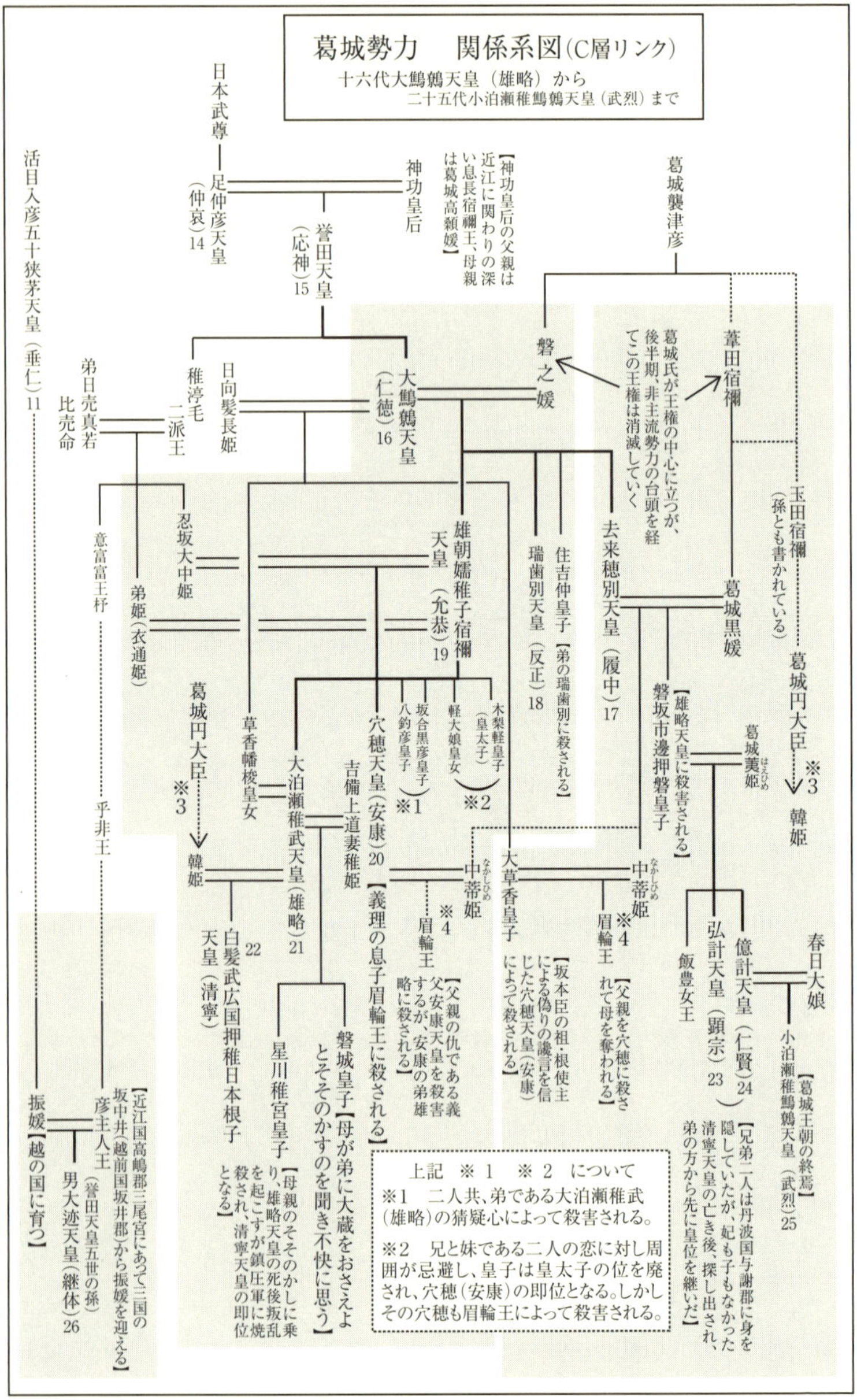
葛城勢力　関係系図（C層リンク）
十六代大鷦鷯天皇（雄略）から
二十五代小泊瀬稚鷦鷯天皇（武烈）まで
日本武尊
足仲彦天皇（仲哀）14
神功皇后
【神功皇后の父親は近江に関わりの深い息長宿禰王、母親は葛城高額媛】
誉田天皇（応神）15
葛城襲津彦
磐之媛
葦田宿禰
玉田宿禰（孫とも書かれている）
葛城氏が王権の中心に立つが、後半期、非主流勢力の台頭を経てこの王権は消滅していく
活目入彦五十狭茅天皇（垂仁）11
弟日売真若比売命
稚渟毛二派王
日向髪長姫
大鷦鷯天皇（仁徳）16
忍坂大中姫
意富富王杼
弟姫（衣通姫）
雄朝嬬稚子宿禰天皇（允恭）19
住吉仲皇子【弟の瑞歯別に殺される】
瑞歯別天皇（反正）18
去来穂別天皇（履中）17
葛城黒媛
葛城円大臣
※3
草香幡梭皇女
大泊瀬稚武天皇（雄略）21
吉備上道妻稚姫
穴穂天皇（安康）20
坂合黒彦皇子
八釣彦皇子
※1
軽大娘皇女
木梨軽皇子（皇太子）
※2
磐坂市邊押磐皇子【雄略天皇に殺害される】
葛城荑媛《はえひめ》
葛城円大臣
※3
韓姫
韓姫
中蒂姫《なかしひめ》
大草香皇子
中蒂姫《なかしひめ》
※4
眉輪王
※4
眉輪王
【義理の息子眉輪王に殺される】
【父親の仇である義父安康天皇を殺害するが、安康の弟雄略に殺される】
【坂本臣の祖・根使主による偽りの讒言を信じた穴穂天皇（安康）によって殺される】
【父親を穴穂に殺されて母を奪われる】
飯豊女王
弘計天皇（顕宗）23
億計天皇（仁賢）24
春日大娘
小泊瀬稚鷦鷯天皇（武烈）25
【葛城王朝の終焉】
【兄弟二人は丹波国与謝郡に身を隠していたが、妃も子もなかった清寧天皇の亡き後、探し出され、弟の方から先に皇位を継いだ】
白髪武広国押稚日本根子天皇（清寧）22
磐城皇子【母が弟に大蔵をおさえよとそそのかすのを聞き不快に思う】
星川稚宮皇子【母親のそそのかしに乗り、雄略天皇の死後叛乱を起こすが鎮圧軍に焼殺され、清寧天皇の即位となる】
乎非王
彦主人王【近江国高嶋郡三尾宮にあって三国の坂中井（越前国坂井郡）から振媛を迎える】
振媛【越の国に育つ】
男大迹天皇（継体）26
（誉田天皇五世の孫）
上記　※１　※２　について
※１　二人共、弟である大泊瀬稚武（雄略）の猜疑心によって殺害される。
※２　兄と妹である二人の恋に対し周囲が忌避し、皇子は皇太子の位を廃され、穴穂（安康）の即位となる。しかしその穴穂も眉輪王によって殺害される。

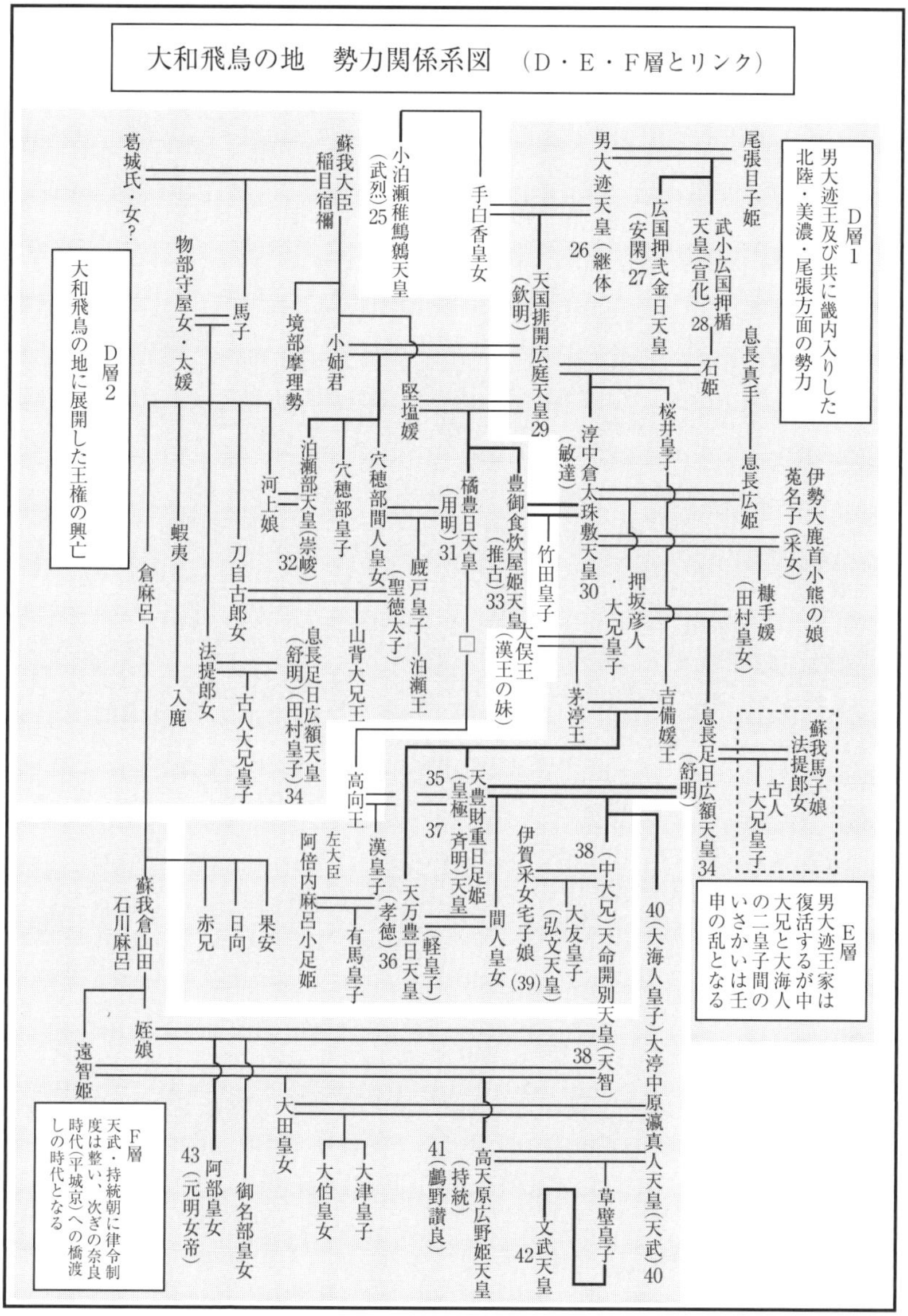

大和飛鳥の地　勢力関係系図　（D・E・F層とリンク）

る。つまり前の大きな「葛城勢力」以降がまず「蘇我勢力」と「外来継体勢力」とのせめぎあいで展開しつつ、飛鳥時代の後半になって、継体系統の残党がこのF層の時代を治め、奈良時代に突入してゆく、という様子がこの部分の記載から読み取れるということである。

2　加えてみるべき「暦」と「文体」二つの視点

ここまで「層」に分ける、という視点で『日本書紀』の解体を試みてきたが、ここに新たに二つの視点を加えて、改めて『日本書紀』を見直すことにしよう。するとこれまでにないこの書物の真実の姿が浮かび上がってくる。その二つの視点とは以下のことである。

視点1　『日本書紀』に使われた暦のこと

まず「暦から見た特徴」である。皓星社から一九九七年に刊行された『小川清彦著作集・古天文・暦日の研究』（編者斉藤国治）によると『日本書紀』は「儀鳳暦《ぎほうれき》（麟徳暦《りんとくれき》）」と「元嘉暦《げんかれき》」という中国で行われた暦日をもとにして書かれている。神武即位前紀の甲寅《こういん》年十一月丙戌《へいじゅつ》朔《ついたち》から仁徳八十七年十月癸未《きび》朔まで、および『日本書紀』の最終部分「天武・持統朝」は「儀鳳暦（麟徳暦）」（唐の李淳風《りじゅんぽう》がつくって高宗《こうそう》の麟徳《りんとく》二年…六六五年＝天智四から用いられはじめた）をもととし、一方、安康紀三年八月甲申《こうしん》朔から天智紀六年閏《うるう》十一月丁亥《ていがい》朔までは儀鳳暦より古い「元嘉暦」（中国・南朝の宋、元嘉二十二年…四四五年から施行）によっているという。ということは『日本書紀』において最も古い時代と最も新しい時代が『書紀』編纂期頃の暦で書かれ、『日本書紀』の中間の時代、先の表で言うD・E（の前半）の時代がより古い時代に使われた元嘉暦とほぼ重なるということになる。この事実によってまず『日本書紀』の初期的な編纂はD・E（の前半）の時代から始まっている、ということが見えてくる。言い方を変えると、A・B層の天皇百歳時代と最後のF層は最も最近の編纂であることになる。暦という形では反映していないが、神話時代もこの最も新しい時代の編纂といって内容的に無理はない。

視点2　『日本書紀』漢文文体の特徴

もう一件、「文体的特徴」の部分は一九九九年・二〇一一年に刊行された『日本書紀の謎を解く』（中公新書）、『日本書紀成立の真実』（中央公論新社刊、ともに森博達著）によると、『日本書紀』の原文である漢文の文章をよく検討すると和臭に満ちた漢文と正確な漢文で書かれたところとにはっきり分けられるという。それをα群とβ群に分類すると、α群は唐人が正音・正格漢文で執筆し、β群は倭人が倭音・和化漢文で叙述していることがわかる。その状況を組み込んだのが表二・三の中の「α・β」である。

『日本書紀』を正しく読むことは「悪」か

先に暦と文体の視点について述べた。両者は共通する二つの要素を持っていた。

一点目は、真実とは違うイメージで利用され続けてきた『日本書紀』という書物について、正しく読むための重要な視点を提供したという点である。

二点目は、その正しい視点を提供したものの、そのために逆に、歴史学界の主流からその指摘者が疎まれてしまった、という点である。

例えば『日本書紀の謎を解く』（中公新書）などは、多くの読者を得て七版を重ねたと後発の『日本書紀成立の真実』の「あとがき」にあるように多くの注目を集めたのだが、ともに現行の歴史学のあり方に異を唱えての挑戦的な内容になっていた。

　事実の発見を伴わず、想像の隘路を辿る歴史研究があります。私はそれを「解釈史学」と名づけました。「印象史学」と呼んでもよいでしょう。学問ではなく評論の類です。さらに一部の「印象学者」は事実を覆い隠しています。虚偽を捏造する者さえいます。もはや学者ではなく評論家でもありません。（『日本書紀の謎を解く』の「まえがき」より）

これは『日本書紀』を恣意的に読み進めてきた日本の歴史学界、少なくとも古代史分野の多くの学者に向けて発した言葉であると、私は理解した。

このことに、次の章で語る古代史の重要な一部でありながら無視されてきた「古墳」のことを加えれば、日本の歴史学の少なくとも古代史分野は「虚偽捏造者の集団」ということさえ可能になってしまうだろう。これは私の理解を交えて述べたことだが、森氏の「虚偽を捏造する者さえいます」の部分が、何かを守りたい「学者」たちの反発を受けていて、なかなか主流の説に「森氏の学問」が反映されて来なかったのだと私には思えてしまうのである。

「森氏の学問」を受け入れてしまうと、これまで主流の説として語られてきた古代史の根幹が崩れてしまう、という恐ろしい結果を生むのだ。

小川清彦氏の歎き

もう一人の小川清彦氏がどんな思いであったかについても述べておきたい。私は氏の著作を読んで「『日本書紀』絶対史観への挑戦」という標題を付けたい思いである。これは『日本書紀』という書物を貶《おとし》めるためではない。『日本書紀』のありのままの姿を取り戻し、本来のすばらしさを再発見するための試みとして、小川氏の立論を確認したいと思うのである。

初代の神日本磐余彦《かむやまといわれひこ》（神武）天皇紀に関して述べれば、即位元年以前の部分に九州の地から東征するその年が「是年也太歳甲寅」とある。これは異例な記述で、その後、即位元年の部分については「辛酉年春正月庚辰朔。天皇即帝位於橿原宮。是歳爲天皇元年。」とある。この記述は『日本書紀』が歴史書であることを示すために編纂者が意図的にこの年月日とりわけ、日づけを表す干支《えと》を加えたに違いない。生涯を『日本書紀』の暦法究明に捧げた小川清彦氏はこのあたりのことを、

日本書紀には約900個の月朔が載っているが、その記載法には一種の特徴があることに注意される。それはある月になんらかの記事があれば必ずまず月朔が添記されてあることである。かような暦日の書き方は支那の漢書を初め隋書に至るまで見受けぬところであり、ただ日本紀よりも後にできた旧唐善本紀にのみ見るところで、それも唐書の方ではすっかり削除されてあるのである。いかにしてかような書き方が採られたのであろうか。（原文は横書きなので数字表記はアラビア数字で示してある）

つまり『日本書紀』は中国の歴史書以上に「月朔が添記してある」という。克明に、もれなく日づけを

示す干支表記がされているのである。小川清彦氏はこの徹底ぶりが逆に、編纂時にきれいに調整されたものであるから、という推理を生んだのだった。

さらに最終編纂者にとって各天皇紀に「太歳○○年」の記述を入れるのが重要だったと見る。この元号は「六十年」を一つの周期として繰り返されるので同じ元号が六十一年目にやってくる。ただし、断片的に読んだ場合実際はいつ頃のことになるかの判断が難しいことになる。

この混乱を『日本書紀』の編纂者は避けるため、各天皇の「紀」にはじめから神経質なほどに「太歳」記入を行なった。『日本書紀』を克明に読めば在位年数がわかり、ここに太歳の「干支」を加えると年表になるのだ。実はこの律儀さが、逆に『日本書紀』という「歴史書」が、意図的に作成されたものであろうという判断を生む理由ともなった。

ただ、編纂に当たっては、やみくもに一気に通し番号を振るようにしたわけでもなく、当時使われていた暦法で記録を残していた史料を編纂当事者が参考にした部分と、後に時代を想定しながら造った記事に「干支」を加えたところもあったのであろう。実はこれが途中、当時採用していた「暦」の変更などがあったことによって、ある層をなして『日本書紀』全体に反映しているということが見えてくる状態となったのだった。

この小川清彦氏が「暦」のことに気づいたのは一九四〇（昭和十五）年頃であって、『日本書紀』の律儀な日付が「編纂時での付会である」、などという結論は当時の時代性の中にあってとうてい発表できるものではなく、「戦後になってやっと、ガリ版刷り四〇ページの私家版として少数の関係者に配られて、はじめて評判になったのだった。後年に内田正男氏が『日本書紀暦日原典』（雄山閣出版、一九七八年）を出版するに際して、その巻末に付録として活字印刷された」（『古天文・暦日の研究』・小川清彦著作集・編者・斉藤国治の解説文)。とした状況によって、ようやく注目されることとなった。

小川氏はこのことを知らずに既に他界していた。命を削るようにして克明に検討した自分の「暦」に対する論文が、後世評判になったことも、「『古天文・暦日の研究』・小川清彦著作集」が世に出されたことも知らない。ただ彼はそのガリ版刷りの論文の一つ「日本書紀の暦日の正体」の末尾に、同時代のある学者が学問的真実を棄て、保身に走ったことに対して、

> 社会的生活の上では、この方が彼のためにどれほど幸いであったか知れないのである。即ち彼は国粋主義者たる看板を傷つけずに済んだばっかりか、以前にも増して同じ主義者から重んぜられることになったからである。
>
> この点で彼は、敗戦前まで軍部の御先棒をかついで甘い汁を吸っていた一般の歴史学者・文献学者と軌を一にする利巧者だったとも言えよう。いつの時代でも世の中にはこの利巧者が多い。だが利巧者によって時代の文化が促進された例《ため》しはかつて聞いたことがないのである。

と述べている。こう述べたからといって、この筆者は『日本書紀』という書物そのものを否定するような発想は持っていなかっただろう。この書物はやはりわが国が誇っていい本であり、千数百年も以前の歴史を究明するにはかけがえのない書物、と思っていたはずである。

彼の真意は、この書物の本当の姿を確認した上で活用したい、ということだった。しかし、明治維新以来、この本が恣意的に読まれ、政治的に利用され、曲解されている事実に対して彼の怒りがこの文章を生んでいるのだ。彼がこの暦法の実際を確認し終わった頃、時代は「神話」が絶対的な形で民衆の心を縛り、

神武天皇以来の「万世一系」が強調され、「忠君愛国」が戦争激化のスローガンとなってピークを迎えようとしている最中だったのである。

戦後になって日本の歴史の中で「神話」は除外された。しかし、実は払拭し切れていない部分を残して、しかもなおそれが今日も行われている。まさに、戦後七十年という声をよく聞いた昨今だったが、「古代日本史」という分野では戦前の七十数年は、停滞したまま残っていると思えるのである。なお六十年で一周する暦の「干支表」は第2章の末（一五六頁）に示してある。

3 「層」構造・文体・暦、これらを総合して見えてくる『日本書紀』の姿

ここに示した「暦から見た特徴」と「漢文文体の特徴」、この二件と合わせて別に指摘した「層の構造」をあわせてみると、たいへん驚くことがわかる。全く一致するというのではないが、「暦」からの見方である「儀鳳暦・元嘉暦」と、文体からの見方である「α・β」との構造と「層の構造」とがほとんど一体化して重なって見えてくるという事実である。そのことを示した図表が次の頁「『日本書紀』「漢文文体」「使用暦」」の表である。この事実を改めて述べるなら、『日本書紀』の初期的な編纂は、表の中のD・Eの時代で、古い元嘉暦をもとに正格漢文によって書かれ、一方、最終編纂は当時における現行暦をもとにし、和臭に満ちた漢文によって書かれている、という事実である。先の暦法に関しては『日本書紀』の第一・第二巻の「神代」の記述にはあり得ないが、文体の方ではこの神代に関してもβに属しており、『日本

［図表・日本書紀―2］『日本書紀』内容特徴に見る「層」

	「層」分け	日本書紀巻数	『日本書紀』内容
	神代の層	一	神代上 天地開闢と神々・国生み・素戔嗚尊の誓約・天の岩戸・八岐大蛇
		二	神代下 葦原中国の平定・天孫降臨・海神の国訪問

巻第三以下各天皇紀

漢文文体特徴	使用暦	各天皇紀「層」分け		巻数	天皇代数 漢風諡号	和風諡号と顕著な特徴「日本」「天」文字のつく天皇	各天皇崩御時年齢 在位年	
β	儀鳳暦	A層			01 神武天皇	神日本磐余彦	76 年	127 歳
			B層 欠史八代	四	02 綏靖天皇	神渟名川耳	33 年	84 歳
					03 安寧天皇	磯城津彦玉手看	38 年	57 歳
					04 懿徳天皇	大日本彦耜友	34 年	直接年齢を
					05 孝昭天皇	観松彦香殖稲	83 年	す表現はな
					06 孝安天皇	日本足彦国押人	102 年	がいずれも
					07 孝霊天皇	大日本根子彦太瓊	76 年	百歳を超え
					08 孝元天皇	大日本根子彦国牽	57 年	天皇
					09 開化天皇	稚日本根子彦大日日	60 年	
				五	10 崇神天皇	御間城入彦五十瓊殖	68 年	120 歳
				六	11 垂仁天皇	活目入彦五十狭茅	99 年	140 歳
				七	12 景行天皇	大足彦忍代別	60 年	106 歳
					13 成務天皇	稚足彦	60 年	107 歳
				八	14 仲哀天皇	足仲彦	9 年	52 歳
				九	神功皇后（摂政）	気長足姫	69 年	100 歳
				十	15 応神天皇	誉田	41 年	110 歳
		C層		十一	16 仁徳天皇	大鷦鷯	87 年	年齢記事な
				十二	17 履中天皇	去来穂別	6 年	時年七十
	元嘉暦				18 反正天皇	瑞歯別	5 年	年齢記事な
				十三	19 允恭天皇	雄朝津間稚子宿禰	42 年	時年若干
					20 安康天皇	穴穂	3 年	年齢記事な
α				十四	21 雄略天皇	大泊瀬幼武	23 年	年齢記事な
				十五	22 清寧天皇	白髪武広国押稚日本根子	5 年	時年若干
					23 顕宗天	弘計	3 年	年齢記事な
					24 仁賢天皇	億計	8 年	年齢記事な
				十六	25 武烈天皇	小泊瀬稚鷦鷯	8 年	年齢記事な
		D層		十七	26 継体天皇	男大迹	25 年	時年八十二
				十八	27 安閑天皇	広国押武金日	2 年	時年七十
					28 宣化天皇	武小広国押盾	4 年	時年七十三
				十九	29 欽明天皇	天国排開広庭	32 年	年齢記事な
				二十	30 敏達天皇	渟中倉太珠敷	14 年	年齢記事な
				二十一	31 用明天皇	橘豊日	2 年	年齢記事な
					32 崇峻天皇	泊瀬部	5 年	年齢記事な
β				二十二	33 推古天皇	豊御食炊屋姫	36 年	時年七十五
				二十三	34 舒明天皇	息長足日広額	13 年	年齢記事な
α		E層		二十四	35 皇極天皇	天豊財重日足姫	4 年	—
				二十五	36 孝徳天皇	天萬豊日	10 年	年齢記事な
				二十六	37 斉明天皇	天豊財重日足姫	7 年	年齢記事な
				二十七	38 天智天皇	天命開別	10 年	年齢記事な
					（39 弘文天皇）	（明治追加された天皇）		—
β	儀鳳暦 麟徳暦	F層		二十八	40 天武天皇 上	天渟中原瀛真 上 壬申の乱	1 年	年齢記事な
				二十九	天武天皇 下	下天皇紀	14 年	
				三十	41 持統天皇	高天原広野姫	11 年	—

書紀』の「神代」およびB・C層そしてF層がより編纂時に近い頃の執筆、という様子が見えてくる。

つまり、『日本書紀』の最終編纂は、飛鳥の地を離れて平城京に遷都されてからであり、藤原不比等がその編纂の中心人物と考えられ（この部分については拙著・彩流社刊・『天平の母・天平の子』及び『大仏建立への道』に述べている）、編纂時により近い時代に「天皇」「日本」という言葉が定着し、ここに神話的「神概念」が『日本書紀』の大きな特徴ともなって強く語りこまれていったのである。このことは『万葉集』における「すめろきは神にしあれば……」という表現の定着時期と一致することにもなる（一二三頁参照）。

4 『日本書紀』成立までの道筋

図表「『日本書紀』成立過程」をご覧いただきたい。これは『日本書紀』の全体像を一つの表の中にまとめ上げたものである。『日本書紀』という書物の完成までの様子が一気に見えるように工夫した。

この表の中の縦軸にとられている「文体特徴」「暦から見た特徴」「層分け」以下は、『日本書紀』そのものの構造を示したものである。そして右側の縦筋と最下段はこれまでの総合的な判断のもとに藤原不比等の最終編纂時、どのような手順で『日本書紀』が編纂されていったのかを示したものである。

この表一つを見るだけで、妙によそよそしかった『日本書紀』がしばりを解いて私たちの前にありのままの姿を示してくれて、「どうか専門家などの理解に任せず、自分のありのままを読み進めてほしい」と呼びかけているような気がしないだろうか。

［図表・日本書紀－3］　『日本書紀』成立過程

文体特徴	暦からみた特徴	層分け	巻数	天皇代数 漢風諡号	和風諡号 『日本書紀』での天皇名		年齢 記事		成立過程
		神代の層	一	神代上（天地開闢・国生み・素戔嗚尊の誓約・天の岩戸・八岐大蛇）					編纂最終期ころに追加編纂 / 主に持統女帝主導による編纂
			二	神代下（葦原中国の平定・天孫降臨・海神の国訪問）					
β	儀鳳暦	A層	三	01 神武天皇	神日本磐余彦	日本文字がつく天皇 ※清寧天皇を含む	時年一百廿七歳	一例外を除き年齢百歳を超える	
		B層 欠史八代	四	02 綏靖天皇	神渟名川耳		時年八十四		
				03 安寧天皇	磯城津彦玉手看		時年五十七		
				04 懿徳天皇	大日本彦耜友		直接年齢を示す表現はないがいずれも百歳を超える天皇		
				05 孝昭天皇	観松彦香殖稲				
				06 孝安天皇	日本足彦国押人				
				07 孝霊天皇	大日本根子彦太瓊				
				08 孝元天皇	大日本根子彦国牽				
				09 開化天皇	稚日本根子彦大日日				
			五	10 崇神天皇	御間城入彦五十瓊殖		百廿歳		
			六	11 垂仁天皇	活目入彦五十狭茅		百四十歳		
			七	12 景行天皇	大足彦忍代別		一百六歳		
				13 成務天皇	稚足彦		一百七歳		
			八	14 仲哀天皇	足仲彦		五十二		
			九	神功皇后	気長足姫		百歳		
			十	15 応神天皇	誉田		一百一十歳		
		C層	十一	16 仁徳天皇	大鷦鷯	［倭の五王］時代とされている時代	年齢記事なし	葛城氏中心	編纂 / 第二期
			十二	17 履中天皇	去来穂別		時年七十		
				18 反正天皇	瑞歯別		年齢記事なし		
	元嘉暦		十三	19 允恭天皇	雄朝津間稚子宿禰		時年若干		
				20 安康天皇	穴穂		年齢記事なし		
α			十四	21 雄略天皇	大泊瀬幼武		年齢記事なし		
			十五	22 清寧天皇	白髪武広国押稚日本根子	※	時年若干		
				23 顕宗天皇	弘計		年齢記事なし		
				24 仁賢天皇	億計		年齢記事なし		
			十六	25 武烈天皇	小泊瀬稚鷦鷯		年齢記事なし		
		D層	十七	26 継体天皇	男大迹		時年八十二	継体系と蘇我氏軋轢	編纂・第一期
			十八	27 安閑天皇	広国押武金日		時年七十		
				28 宣化天皇	武小広国押盾		時年七十三		
			十九	29 欽明天皇	天国排開広庭	※	年齢記事なし		
			二十	30 敏達天皇	渟中倉太珠敷		年齢記事なし		
			二十一	31 用明天皇	橘豊日		年齢記事なし		
				32 崇峻天皇	泊瀬部		年齢記事なし		
β			二十二	33 推古天皇	豊御食炊屋姫		時年七十五		
			二十三	34 舒明天皇	息長足日広額		年齢記事なし		
α		E層	二十四	35 皇極天皇	天豊財重日足姫	漢諡号に「天」文字のつく天皇（※上段の欽明天皇が加わる）	—	藤原氏台頭	
			二十五	36 孝徳天皇	天万豊日		年齢記事なし		
			二十六	37 斉明天皇	天豊財重日足姫		（時年七十五）		
			二十七	38 天智天皇	天命開別		年齢記事なし		
			—	（39 弘文天皇）	明治時代に追加		—		
β	儀鳳暦 麟徳暦	F層	二十八	即位前紀	天渟中原瀛真人　壬申乱		年齢記事なし		編纂活動最終段階
			二十九	40 天武天皇	天渟中原瀛真人　天皇紀				
			三十	41 持統天皇	高天原広野姫		—		
高天原広野姫（持統女帝）提案のもとに始まった本格的な編纂活動が奈良時代 主に藤原不比等主導によって継続され完成									

※ 清寧天皇の和風諡号に「日本」の文字が入っている。B層「欠史八代」に多いパターンでる。

※ 欽明天皇の和風諡号に「天」の文字が入っている。E・F層に多いパターンである。
なおこの欽明紀は「百済とわが国」との関係や、「任那」及び「任那日本府」のことなどを考える上から重要な部分である。

※ 四十一代持統女帝の和風諡号が「高天原広姫」であることと、最終編纂時と同時代の『続日本紀』や『万葉集』に多用されている「天皇＝神」概念の表現などとを重ね合わせて検討することの意味は大きい（『日本書紀』成立・720年・書名は『日本紀』か）。

※ 上の表により第一期・第二期の編纂時を経て、持統女帝の要請によって神話部分とA・B層、及びE・F層が書き足され、修正されながら現在私たちの見ている『日本書紀』となった様子が見えてくる。なお『日本書紀』編纂に大きくかかわった藤原不比等と持統女帝との関係については拙著『天平の母・天平の子』（彩流社刊）を参照されたい。

十干十二支表（暦表）

五行	木（き）		火（ひ）		土（つち）		金（かね）		水（みず）	
陰陽	兄《え》	弟《と》	兄	弟	兄	弟	兄	弟	兄	弟
十干《じっかん》	甲《きのえ》 こう・かつ	乙《きのと》 おつ・いつ	丙《ひのえ》 へい	丁《ひのと》 てい	戊《つちのえ》 ぼ	己《つちのと》 き	庚《かのえ》 こう	辛《かのと》 しん	壬《みずのえ》 じん	癸《みずのと》 き

十二支　子《ね》　丑《うし》　寅《とら》　卯《う》　辰《たつ》　巳《み》　午《うま》　未《ひつじ》　申《さる》　酉《とり》　戌《いぬ》　亥《い》

十干十二支による暦	甲子 かっし	乙丑 いっちゅう	丙寅 へいいん	丁卯 ていぼう	戊辰 ぼしん	己巳 きし	庚午 こうご	辛未 しんび	壬申 じんしん	癸酉 きゆう
	甲戌 こうじゅつ	乙亥 いつがい	丙子 へいし	丁丑 ていちゅう	戊寅 ぼいん	己卯 きぼう	庚辰 こうしん	辛巳 しんし	壬午 じんご	癸未 きび
	甲申 こうしん	乙酉 いつゆう	丙戌 へいじゅつ	丁亥 ていがい	戊子 ぼし	己丑 きちゅう	庚寅 こういん	辛卯 しんぼう	壬辰 じんしん	癸巳 きし
	甲午 こうご	乙未 いつび	丙申 へいしん	丁酉 ていゆう	戊戌 ぼじゅつ	己亥 きがい	庚子 こうし	辛丑 しんちゅう	壬寅 じんいん	癸卯 きぼう
	甲辰 こうしん	乙巳 いつし	丙午 へいご	丁未 ていび	戊申 ぼしん	己酉 きゆう	庚戌 こうじゅつ	辛亥 しんがい	壬子 じんし	癸丑 きちゅう
	甲寅 こういん	乙卯 いつぼう	丙辰 へいしん	丁巳 ていし	戊午 ぼご	己未 きび	庚申 こうしん	辛酉 しんゆう	壬戌 じんじゅつ	癸亥 きがい

十干と十二支を合わせて60の組み合わせができる（暦）。
暦の一巡を還暦という。

日本における讖緯思想による改元（辛酉と甲子に改元が行われた）

7世紀→	推古9年辛酉（601）	――――	斉明7年辛酉（661）	――――
↓	養老5年辛酉（721）	――――	天応元年辛酉（781）改元	――――
	延喜元年辛酉（901）改元	――――	応和元年辛酉（961）改元	康保元年甲子（964）改元
	治安元年辛酉（1021）改元	万寿元年甲子（1024）改元	永保元年辛酉（1081）改元	応徳元年甲子（1084）改元
	永治元年辛酉（1141）改元	天養元年甲子（1144）改元	建仁元年辛酉（1201）改元	元久元年甲子（1204）改元
	弘長元年辛酉（1261）改元	文永元年甲子（1264）改元	元亨元年辛酉（1321）改元	正中元年甲子（1324）改元
	弘和元年辛酉（1381）改元	元中元年甲子（1384）改元	嘉吉元年辛酉（1441）改元	文安元年甲子（1444）改元
	文亀元年辛酉（1501）改元	永正元年甲子（1504）改元	永禄4年辛酉（1561）	永禄7年甲子（1564）
	元和7年辛酉（1621）	寛永元年甲子（1624）改元	天和元年辛酉（1681）改元	貞享元年甲子（1684）改元
	寛保元年辛酉（1741）改元	延享元年甲子（1744）改元	享和元年辛酉（1801）改元	文化元年甲子（1804）改元
19世紀	文久元年辛酉（1861）改元	元治元年甲子（1864）改元	明治元年（1868）以降、一世一元制になる。	

第3章　「古墳」が語る古代史の真実

Ⅰ　「古墳」理解の「虚」

1　日本古代史と「古墳実態」との乖離

一九八九（平成元）年に初版が出された『日本古墳大辞典』（東京堂出版刊）という本があり、その「序」で日本の古墳の総数について述べている。それによると全国で二十万基、あるいは群集墳としてあるものは正確な数も不明で、それらを勘案すれば三十万基はあるだろうということである。

これを単純な数字と理解して、「古墳概念に合致する古墳なし」とされている北海道と沖縄県および件数の少ないいくつかの県を除いて四十という数字を都府県数と仮定すると各県ごとに五千基から七千五百基ほどはあるということになる。この数字はあくまでも概数に過ぎないが重要である。各県に平均して五千基、いやそれ以上あるはずのこの古墳の実態が「日本古代史」の上にほとんど反映されていないという事実がある。これは奇っ怪な事実と言わなければならない。

戦後になって一九五〇（昭和二十五）年六月に「文化財保護法」が施行され、さらに埋蔵文化財についてては一九五四（昭和二十九）年六月に「発掘・発見」に関わる細則が定められて、当然「古墳」もそれによって守られはした。しかし「高度経済成長」などという言葉に見られるように一九五六（昭和三十一）年前後「もはや戦後ではない」などと言われた頃から地域の様子が変わり始めた。一九七二（昭和四十七）年には「日本列島改造論」がもてはやされ、こうした国土開発推進の風潮の中で多くの遺跡が壊された。古墳もその例外ではない。しかし、それにもかかわらず、なおその古墳の数はこの冒頭で述べた二十万基という数では足りないだろうと思われるほどの数なのである。

ところが各県での実態は全くと言っていいほど知られていない。「いや古墳のことは知っている。箸墓古墳は有名だから」という返答があるかもしれない。「奈良や河内には大きな古墳がたくさんあるよね」。これが一般国民の「古墳理解」の全貌なのだ。これでは「古墳時代」と呼ばれる古代を私たちは、全く知らないでいるということになる。

全国に分布する古墳を知り、その文化の実態がわかるようになれば、日本の古代史は現在常識として描かれているものとは全く違う様相を示すことになるだろう。どうしてそんなことになってしまったのか。その理由は戦前の「国史」にある。そしてそれを放置してきた戦後の我々にある。

三、四世紀頃から四、五百年間に展開した日本列島の古代の姿は、おそらく世界でも希なほど数多くある「古墳」という名の遺跡が示してくれるはずだ。しかし、全くと言っていいほどに、それが眠ったまま放置されているのである。「放置」などと言うと、古墳学者は怒るかも知れない。しかし、国民の熟知度を見れば「放置」と言わざるを得ないだろう。

こんなことを私なりに考えつつ、二〇一三年に亡くなった考古学者の森浩一氏を思い出す。氏は古墳について、今述べたような現状を憂えていた学者の一人だった。例えばすでに四十年以上も前、一九七〇（昭和四十五）年に出版された『シンポジウム・古墳時代の考古学』（学生社刊）という本がある。この本で森氏が司会進行をしながら論が展開され、氏はその中で考古学の現状とそれについての危惧として「現在なお戦前の先入観が今日拡大されて、定説化されてはいない」、あるいは、「戦後になってもその研究の骨子は、あんがい資料の乏しかった戦前に作られたものを受け継いでいるのではなかろうか」、あるいは「一体どこまで発言できるかという問題」もあると述べている。

そしてさらにこれらのことを言い換えたかのような「あるところに古墳が出てくることは、大和朝廷の勢力の波及を物語るものだ。古墳イコール大和文化、さらには、大和政権、そういうように考えられている人が多いようですね。」という発言となっている。

実はこの発想が「文献学」（日本書紀を最大の文献と見る）の発想であり、一般的な古代史の学会には根強く、あるいは考古学会においてもその勢力に抗えず、同調することによって調和を保っているという風潮が強い。戦前の話ではない、戦後、しかも「戦後七十年」などという言葉を聞く現在もなお、そうなのだ。

森氏はその著作物等で知るかぎり、「大和朝廷論」そのものが戦前の特異な論理であり、それに引っ張られている間は物事の本質を見誤るという発想のもとで、学者としての生涯を通した人である。氏は例示したシンポジウムから四十数年後に亡くなっているが、その危惧は危惧のまま、十分意志が伝わらなかった思いを残しての他界だったのではないか。そんなことを思いつつ、私なりに現在思っている考古学の問題を含め、「古墳」を通して日本古代史について述べてみたい。

わが国の古代を究明する「歴史的資料としての古墳」は先に述べたとおり日本中の至るところにある。ただ残念ながら戦前は「大和朝廷」というイリュージョンが跋扈する中で、列島各地にあった「歴史資料としての古墳」の多くが「あってもない」かのように扱われてきた。あるいは研究すべきとの愛情があれば、すでに何十年か前に大きく取り上げられ、「日本史の常識が覆る」といったこともあったはずだが「常識が覆ること」の不安の方が先行してだろうか、研究が抑えられ、放置されていた古墳は全国のいたるところにある。そして、それは過去のことではなく、なお「重大なものの放置」は続いているという現状もある。

日本古代史の根底にある「しこり」

小見出しに「しこり」という言葉を使った。「しこり」の意味は「悪性の癌」と言い直してもいい。肉体に巣喰い、治療がむずかしく、人を死に向かわせる確率も高い病巣、という思いからである。

ここでは「日本古代史」という肉体に宿っているその「しこり」についてもう少し述べてみたい。二〇〇四年（増補改訂版は二〇〇九年）に上梓した『関東古墳散歩』の冒頭に述べたことと今もなおほぼ同様である。初版から十年以上経過しても、現状はほとんど変わっていないからである。

関東の「古墳文化」を見なおそう

関東地方にもこんなにたくさんの古墳があったの？
関東地方にもこんなに大きな古墳があったの？
これは関東各県の古墳をまわってみての素朴な感想である。

近年、特に第二次大戦後、日本は高度経済成長のもとに開発ラッシュを迎え、郊外が市街地化された。なおそれで足りずに都市部に近い丘陵部は削られ、山林はなくなるという状況が各地に見られた。その結果、地中にあった遺跡は破壊され、それら遺跡とともに千数百年もの間残っていた数多くの古墳も消滅していった。にもかかわらず、今もなお、数多くの古墳が存在している。

既に消滅してしまったものをあわせると、もともとどのくらいの数だったのか、今となってはわからなくなっている。ただ幸い、消滅したものの中にも遺跡調査台帳などに〇〇地区何号墳、などと記載されているものも多くあり、それらと現存しているものとを加えて、ざっと概観して、この関東地区でも各県毎にそれぞれ数千から、万をこえる古墳を数えることができる。

冒頭に述べたように関東に生まれて住んでいる大部分の方々が「古墳」が自分の周辺にもあるなどというのはあまり知らないのではないだろうか。あるいは、自分の家の近くにあることを知っていた人でも、隣の県では、あるいは関東全体では、どのくらいになるのか、という疑問にまでたちいたらなかった。漠然と「古墳文化」は西日本のもので、自分の身近では無縁のものと思っていたのではないだろうか。でも「古墳」は決して西日本だけの文化なのではない。関東各県の古墳をまわってみると、関東にもれっきとした「古墳時代」があったことがわかるのである。

小山ほども大きな墳丘を築き、その中に、みごとな技術のもとに石組みの石室を作り、今からざっと千七、八百年前、日本列島各地が古墳建設のために莫大なエネルギーを使い、躍動していたのである。※この『関東古墳散歩』初版本の上梓以後、古墳について知識が増すほどに実は関東の各県が全国でも「古墳数の多さ」で上位に位置するのであることを知ることになる。

古墳が「真実の古代史」を語り出す

私は二〇一三年に出した『古墳が語る古代史の「虚」』（彩流社刊）の第一章冒頭部を「扉に示した古墳群はどこにあるでしょう?」というクイズのような問いかけからはじめている。ここでもその試みを再現してみたい。

そのおり章の扉のところに掲げたのが上に示した古墳の分布図である。

そして「ここには大型の前方後円墳を含めておよそ四十七基の古墳が存在している。さてここからクイズのようになるが、この古墳群はどの県にあるのだろう」と問いかけた。そして、その答えとして、次のページにある地図を掲げた。

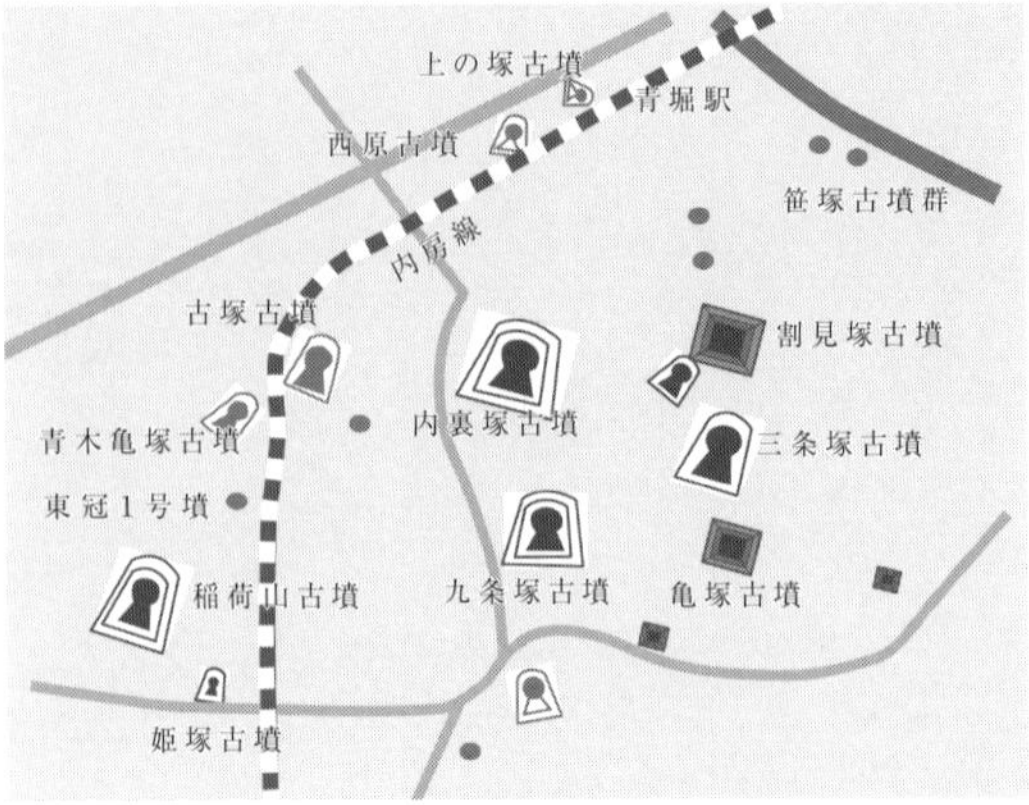

その上で、

「これは房総半島内、東京湾に面した富津市にある内裏塚《だいりづか》古墳群であって、この古墳群は五世紀中葉から七世紀頃に築かれたものとされている。

このような古墳群が造営されていたその当時、東京湾岸に面したこの地域はどのような文化的状況にあったのだろう。そして、人々はどのような生活をしていたのだろう。そんなイメージについて一般の日本史は全く語っていない」

と述べた。そしてこれに続けてさらに、

「え！　この地図、千葉県のもの？」という反応が返ってくるに違いない。それというのも「古墳」についての一般的なイメー

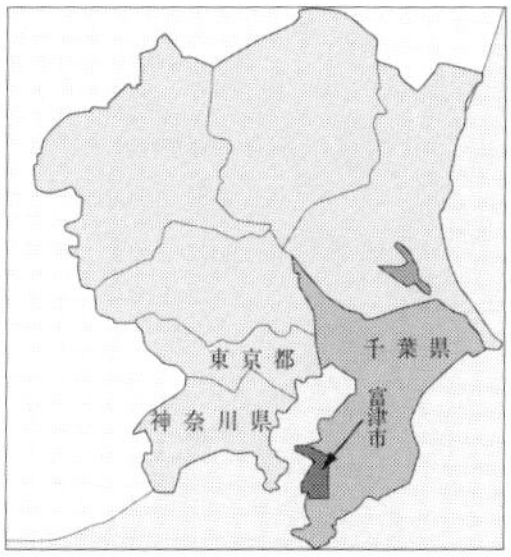

クイズの答え　千葉県の富津市
富津市は東京湾に面しており、三浦半島の先端と対峙して、東京湾の入口の門のような位置になる。

ジは畿内、「大和朝廷」の文化という認識があって、千葉県にこんなみごとな古墳群があるなどと思ってもみなかった、それが多くの方々の感想なのではないか。

そして、しかも前方後円墳の数で比較すると、千葉県は全国で一番数が多く、右の地図で見たような古墳群分布状況は、この古墳群以外にも県下に何カ所も存在しているのである。それどころではない、関東のほとんどの県が前方後円墳の多さでいえば全国的に見て上位を占めている。そんな古代史の実態を一体誰が今まで語ってきただろう。私たちの常識からいうと関東に古墳があるなどという事実そのものさえ、話題にもなっていなかった、というのが現状だった。

ところで奈良への旅行をして、「古墳」を見たいと思ったときに出かける場所は、他の古代史の遺跡にも恵まれた「山辺の道」ではないだろうか。例えば天理市側から桜井市の方に向かって歩いたとき、その道の両側に迫って見えてくる古墳の数々。

個々の古墳が小高い丘陵かと思えるような形でいくつか見えてくると「ああ、やっぱり大和へ来たんだ」という感慨にひたることになる。このあたり一帯の古墳群は総称して「大和古墳群」と呼んで、「大和朝廷」に関わる古墳群として語られることが多い。ここには、とりわけ話題の多い箸墓《はしはか》古墳もある。

あるいはこのほか、大和で古代史の旅を計画すれば、やはり何と言っても飛鳥の地を訪れるだろう。飛鳥散策には石舞台古墳は欠かせない。そして高松塚壁画古墳や、天武・持統陵などを見学する。この周辺には様々な古代史のドラマが潜んでいて、それらと古墳のたたずまいとがからんで一体となっているかのように思え、奈良散策の一つの醍醐味でもある。そしてここは大化改新の主要な舞台ともなる地域であって、また『万葉集』のふるさと、などとも言われる。

また、これら大和の地とは別に古墳文化と言えば、応神陵と言われる古墳のある大阪府河内地区の羽曳野市一帯の古市《ふるいち》古墳群、そして仁徳陵と言われる古墳のある堺市の百舌鳥《もず》古墳群のことを思わないわけにはいかない。そして、これら前方後円墳こそ日本の古墳の典型であり、古墳文化の中心地と言えばこれらの地のこと、とさえ思えるのではないだろうか。

人文系データベース協議会・前方後円墳データベース
検索日 2010年4月23日
前方後円墳総数 5,765基・前記古墳数 448基

地名	県名	基数	初期古墳	県名	基数	初期古墳
東北 154（3）	岩手	1	0	宮城	44	1
	山形	31	0	福島	78	2
関東 1994（43）	栃木	280	11	千葉	685	8
	群馬	410	7	東京	12	1
	茨城	444	5	神奈川	32	9
	埼玉	131	2			
甲信越 97（10）	新潟	13	1	山梨	23	4
	長野	61	5			
東海 478（38）	岐阜	87	15	愛知	119	4
	静岡	112	9	三重	160	10
北陸 274（82）	富山	24	9	福井	139	43
	石川	111	30			
近畿 968（178）	滋賀	132	26	奈良	239	56
	京都	183	34	大阪	182	47
	兵庫	174	15	和歌山	58	0
中国 1002（37）	鳥取	280	5	岡山	291	23
	島根	155	2	広島	248	6
	山口	28	1			
四国 179（28）	香川	126	20	愛媛	31	4
	徳島	18	4	高知	3	0
九州 620（29）	福岡	219	15	熊本	65	3
	佐賀	53	4	宮崎	149	0
	長崎	32	2	鹿児島	25	0
	大分	77	5			

そうしたかなり固定した古墳に関するイメージのあるなかで、冒頭の千葉県富津市にある古墳群の地図を見たとき、一瞬これは「畿内のどこかだろう」と思ってしまいそうである。「これは千葉県なんだよ、東京湾内にあるものなんだよ」と言われても、にわかには信じられないに違いない。

そして次の段階で「どうしてこんなところにこんな古墳群があるの？」という疑問がわくだろう。当然、現在の「日本史」での「東国の古代は未開」という常識では説明がつかないからである。

さて、ここ第3章では現在の日本史に組み込まれてない「古墳」の実態と、どうしてこうなってしまうのか、という疑問を再度ぶつけたい。日本の古代史の悲劇的な状況の意味を考えてみたいと思っている。

前頁の表は前方後円墳の全国にある数である（前著にも掲載）。

2 現在も日本史から除外されている「古墳」

私が「京都に古墳を見に行く」と友人に伝えたとしよう。そのときどんな反応が返ってくるだろう。「え？京都へ古墳？」と、多少奇っ怪なことを耳にしたかのような顔をされるだろう。あるいは、はっきり「京都に古墳なんかあるの？」と聞き返されることになる。

「京都」といえば王朝文化と言われる平安時代、あるいはそれ以降の日本史の主要な舞台であるという認識が一般的なのだ。

京都の広隆寺を訪ねたとき、そこに「聖徳太子」の名が出たりすると、「え？ 聖徳太子って飛鳥時代の人物だよね。どうして京都にそんな人物ゆかりのお寺があるの？」と、思ってしまう。

つまり、これは一般国民は京都に古墳時代や飛鳥時代があるはずはないという、かなり強い思いこみに近い「常識」の中にあっての反応なのである。この事実は決して、そんな反応を示した人の責任ではないのだが。

これは日本の歴史を、各時代史で細切《こまぎ》れにしてとらえ、縦のつながりで語ることをあまりしないことによるのだろう。日本各地を歩いていて「○○国府・国分寺」という奈良時代頃の遺跡があるとその周辺には、必ずと言えるほどに、かなり重要な古墳群が存在している。一方、「古墳」に関する本で「古墳の存在と国府・国分寺との関係」といったテーマで書かれたものをまず見たことがない。「国分寺遺跡に隣接している○○古墳は……」という程度の表現があってもそれはたまたまその立地条件を述べる必要があった、そんな程度の表現であって、歴史的文化的連続性という発想での、文化論のテーマとして語られているものをめったに見ない。「古墳」は古墳学者、考古学者にまかせておけ、一方、私は「国分寺」の時代、奈良時代のこと以外には手を出さない、というのがルールらしく、日本史は常に輪切り状態なのである。そういう事態は通史を読んでも同様である。通史というより輪切りの部分史が寄せ集まった状況に等しい。こんなことが「京都は平安時代」「古墳のことは古墳学者のもの」という常識も作り出してしまうのだろう。

話を古墳に戻そう。すでに述べたが、現在日本全国に満遍なく分布している古墳の実態が古代史の部分で全く生かされていないのが現在の古代史の現状なのである。

全国にこんなにもありながら、「古墳は大和朝廷によって形成された文化」という大前提が学会にはある。現在の日本史で古墳が問題になる場合「大和朝廷」（ヤマト王権）という発想の中だけでとじこめてしまおうとしている。例えば「箸墓古墳＝卑弥呼の墓・最古の前方後円墳」「さきたま稲荷山古墳＝ここに出土した鉄剣は雄略天皇に関わる」等々。これらは『日本書紀』に記載されている人名を持ちだして語られる。当然それは畿内を中心に発想したものに限定されざるを得ない。いや、そういう風潮は畿内にあり、かつ重大な意味を持っている古墳であっても、立地上の条件等々で予見の期待に合わない古墳であればその存在については、せいぜい古墳事典どまりであって、一般の人の認識に及ぶような取り扱いはない。

こうした状況が「え？　京都へ古墳を見に行くの？」という反応が起こってしまう要因なのではないか。筆者自身、京都のタクシーで「○○古墳へ」と言ったら、運転手さんから「古墳？」と妙な形で笑われてしまったことがある。無理もない、私自身がつい最近までそう思う人の一人だったのだから。

まして、「関東各地の古墳」や「東北の古墳」などといったら、それこそ奇っ怪な話しをする人だと、極端に言えば変人扱いされかねない。

私はこういった風潮は見直さなければならないと思うようになった。関東にも、東北にも、いやいや、日本列島中に、ほぼ満遍なく古墳は存在しており、決して古墳は「大和朝廷（ヤマト王権）」の周辺のみの文化なのではないという事実を知ってほしい。

関東の古墳？　これを知って何になるの？　という意見があったら、これは「古墳」だけの問題ではないと言いたい。日本文化の様々な部分に見えている、昨今の社会に様々な部分で起こっている「本来的には知らせるべきことが知らされない」という現象と直結している問題なのではないかと思うのである。

ここまで述べてきた「古墳」への偏見とも言えるような事態は、改めて述べれば「戦前」という時代の国の歴史に対する極端な政策があってのことであり、その中で『日本書紀』という書物が「日本」という言葉を背負っているあまり、近代人の「日本」という概念と同様の「日本」が千数百年も前から存在していたかのように解釈されてしまったというところに大きな問題があったのである。

北部日本と東国の古墳

現在は太平洋沿岸が表日本で、日本海側を裏日本と表現することが多い。これは近代になってからの文化伝播の中心が、太平洋に向かって開かれたものになったからである。

私は横浜市在住である。「横浜市歌」は森鷗外の作詩で、その詩の中に、日本列島は島国であるため、あらゆる国々から船がやってくると述べ、さらに

されば　港の数多かれど　この横浜に勝るあらめや。昔思えば苫屋の煙　ちらりほらりと立てりしところ。

近代化で日本の文化現象が急速に変化し、小さな漁村だった横浜が大きな港町になっていった様子をこの「市歌」は語っているのである。そして開港後、時が十年、二十年……百年と経過するうちに、かつて遠い昔からこんな状況の中にあったかのような錯覚も定着してきてしまう。急激な変化、という認識は薄れてしまうのだ。

近代化が進むうち文化全般において日本海側は次第に「裏日本」という認識になってゆく。ほんの少し前に日本海側で活躍した北前船のことはもとより、さらに遙か古い時代の文化はユーラシア大陸との関わりが中心であって、渡来文化のおおもとは日本海側にあったということはごく一部のみを除いて、忘れ去られてしまう。それに国粋的な教育がからむと渡来文化の流入口は北九州のみかのような認識の偏りはさらに進む。日本海側の文化、山陰や越《こし》地方は中央思考からはすっかり外されてゆくことになる。

近代では中心かのように見え始めた太平洋側ではあっても、逆現象としてこと古代史では意図的なはずされ方が見られ、それは「関東・東北」に顕著となった。その象徴的な例が「古墳」なのである。関東には古代史はない。「関東の古墳を調べたい？　何を寝呆けている！」。これが実態だった。

そうした国の方針に左右されなかった明治初期、イギリスから来た技術者、「ウィリアム・ゴーランド」は個人的な関心から精力的に日本の古墳を調べ回った。その影響が日本の学者にも及びかけていた頃、「古墳への関心」は時の風潮によって消されてしまうことになった。そして、古墳は「あってもない」という状況に置かれていくことになり、以降、戦前を通して続くことになり、実質は戦後になっても変わらずに今日に至っているのである。

そうした「偏狭さ」は「古代史」に限らず様々な分野に影響を与えた。同様に意図的に抑えられたために「研究」が停滞してしまった文化現象は枚挙にいとまがない。とかくわが国の「独自性」を強調するあまり、文化一般において、外よりの渡来、という発想は敬遠される傾向にあった。古墳などはとりわけ一部のみ注目し「わが国独自」の文化と限定したがる典型であろう。

対馬海流は「越」から「会津」へ

会津地方の古墳に関して取材を始めた頃から、次第に「みちのく」への「古墳探訪」に新たな視点が加わり始めることになった。その点をもう少し語ろう。

それは、会津地区に多くの古墳が存在し、それらの多くが古い時代のものであったこと。そして場合によってここが東北各地の古墳文化の発信地なのではないかと思えたこと。さらにそのことは、一部に北関東方面の古墳文化にも及んでいたのではないか、という認識にまでつながった。

<table>
<tr><th>分布地域</th><th>古墳名</th><th>築造年代</th><th colspan="2">墳形・その他特徴など</th></tr>
<tr><td rowspan="15">会津坂下</td><td>高寺山古墳</td><td></td><td colspan="2">前方後円墳・未調査</td></tr>
<tr><td>亀ケ森古墳</td><td>4世紀末</td><td>前方後円墳</td><td rowspan="2">両古墳は東西に同方向を向いてセットで築造されている。この古墳の西に3世紀頃の台状墳が検出されている</td></tr>
<tr><td>鎮守森古墳</td><td>4世紀前半</td><td>前方後方墳</td></tr>
<tr><td>観音森古墳</td><td></td><td colspan="2">円分</td></tr>
<tr><td>臼ケ森古墳</td><td>4世紀前半</td><td>前方後円墳</td><td rowspan="2">両古墳は300mほどの距離に並んでいる。特に杵ケ森古墳の周辺は3世紀の円形の周濠墓群が確認されている</td></tr>
<tr><td>杵ケ森古墳</td><td>4世紀前半</td><td>前方後円墳</td></tr>
<tr><td>境ノ沢古墳群</td><td></td><td colspan="2">前方後円墳・円墳・詳細不明</td></tr>
<tr><td>経塚古墳群</td><td>6世紀前半</td><td colspan="2">円墳・復元は困難だったが埴輪片が確認されている</td></tr>
<tr><td>舟窪古墳群</td><td>末期</td><td colspan="2">円墳3基</td></tr>
<tr><td>大村新田古墳群</td><td>6世紀前半</td><td colspan="2">円墳・磐越自動車道の工事によって発見</td></tr>
<tr><td>大村古墳群</td><td>5世紀末</td><td colspan="2">円墳3基・横曽根古墳群ともいう</td></tr>
<tr><td>鬼渡横穴墓群</td><td></td><td colspan="2"></td></tr>
<tr><td>宮東遺跡
（古墳を含む遺跡）</td><td>県内最古級</td><td colspan="2">前方後円墳・前方後方墳・円墳などを含む遺跡・出土土器に北陸との交流を窺わせるものが多い</td></tr>
<tr><td>米ケ森古墳</td><td></td><td colspan="2">円墳</td></tr>
<tr><td>前平山古墳群</td><td></td><td colspan="2">円墳5基</td></tr>
<tr><td rowspan="8">会津美里町</td><td>長尾原古墳群</td><td></td><td colspan="2">円墳</td></tr>
<tr><td>大壇古墳</td><td></td><td colspan="2"></td></tr>
<tr><td>山王塚古墳</td><td></td><td colspan="2">円墳・未調査</td></tr>
<tr><td>四十八壇古墳群</td><td></td><td colspan="2">円墳2基のみ残る。多くの墳丘が破壊された</td></tr>
<tr><td>京塚古墳群</td><td></td><td colspan="2">円墳2基・未調査</td></tr>
<tr><td>大久保古墳群</td><td>終末期古墳</td><td colspan="2">円墳4基・未調査</td></tr>
<tr><td>牛首古墳群</td><td></td><td colspan="2">方墳2基・未調査</td></tr>
<tr><td>藤田古墳群</td><td></td><td colspan="2">円墳5基・中に30mのものあり</td></tr>
</table>

作成にあたっての参考文献
『中国僧青巌と高寺伝承』荻生田和郎著、『ふくしまの古墳時代』辻秀人著など

会津・喜多方地域の古墳分布一覧表

分布地域	古墳名	築造年代	墳形・その他特徴など
会津若松	大塚山古墳群	4世紀	前方後円墳 114m
	石仏古墳		前方後円墳？・くりぬき石棺の蓋、大塚山古墳の墳頂に天上石の残骸あり
	八幡山古墳		前方後円墳・一箕ずつ土を運んで造った山との伝承
	飯盛山古墳群	4世紀	前方後円墳 64m・円墳
	堂ヶ作山古墳	4世紀	前方後円墳 84m
	天子ノ宮古墳		前方後円墳？ 65m
	田村山古墳	4世紀	帆立貝式 24m・内行花文鏡2面出土
喜多方	十九壇古墳群	4世紀後半	前方後方墳 23m・方墳3基
	深沢古墳	5世紀中頃	前方後方（円）墳 42m
	舟森古墳	4世紀	前方後方墳 90m
	観音森古墳	4世紀後半	方墳
	茶臼森古墳群	4世紀	円墳・前方後円墳？
	明蓮寺古墳群	6世紀後半	円墳 10基
	灰塚山古墳	5世紀中頃	前方後円墳
	虚空蔵森古墳群	5世紀前半	前方後円墳 47m・円墳・盗掘跡から刳りぬき石棺蓋の残骸確認
	天神免古墳群	5世紀後半	前方後円墳・円墳
	新宮古墳群	6世紀中頃	円墳3基
	山崎横穴墓群		
	糠塚古墳群		円墳2基・円墳が5、6基あったとされるが2基のみ残る
会津坂下	雷神山古墳群	4世紀後半	前方後円墳 47m・円墳1基
	森北古墳群	4世紀後半	前方後方墳 41m・円墳3基・1号墳から舟形木棺
	出崎山古墳群	4世紀末	方墳1基・前方後方墳2基・前方後円墳 33m・2基・円墳5基
	長井前ノ山古墳	5世紀後半	前方後円墳（合掌型石室）
	鍛冶山古墳群		前方後円墳1基 27m・円墳
	次郎坂古墳群		円墳・未調査
	上宇内古墳		円墳（前方後円墳？）・未調査

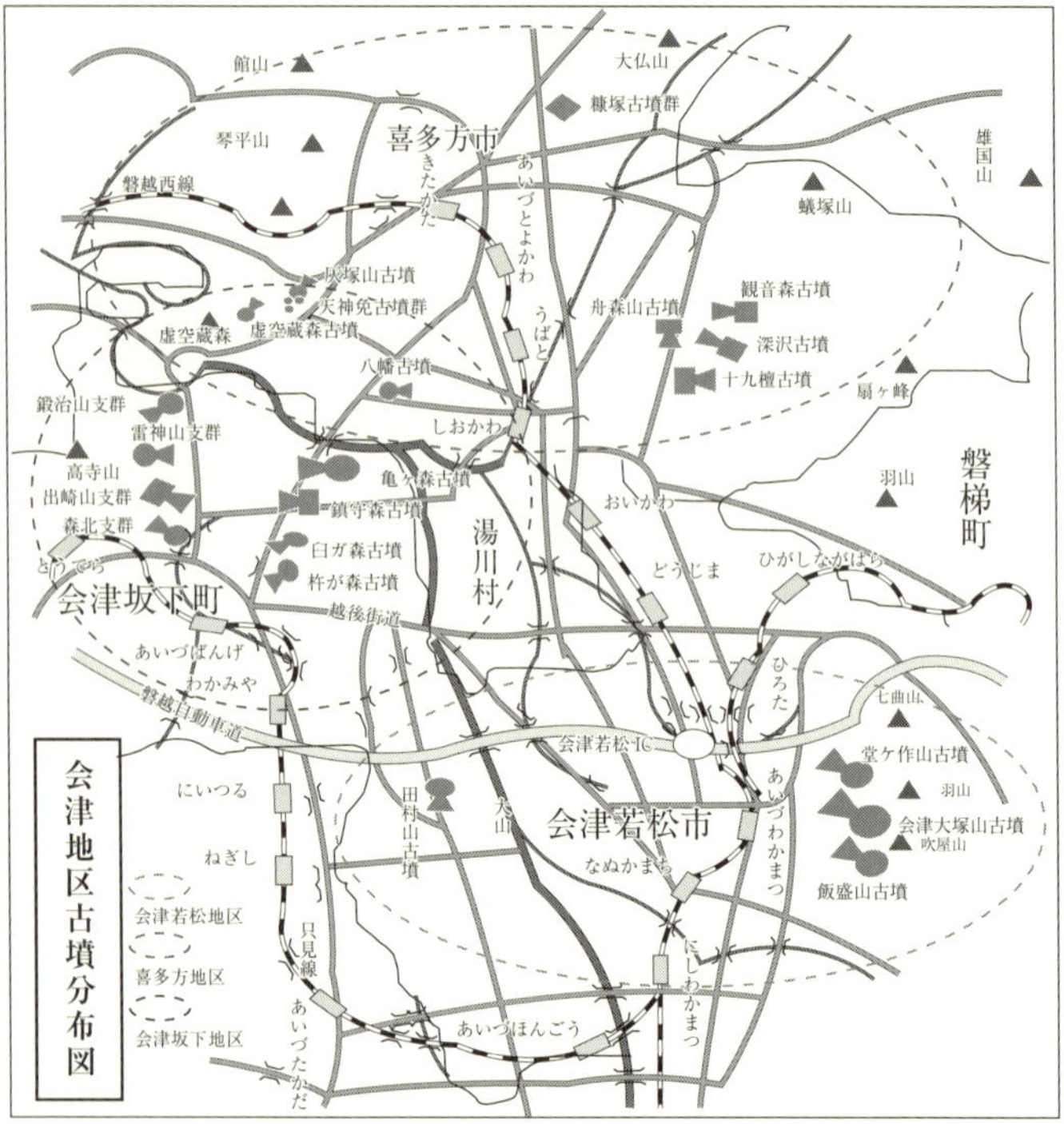

会津地区古墳分布図

ではどうして、内陸かつ山国で、冬は雪も深い「文化果てる国」とまで言われたこともあった会津というこの地が「発信地」たり得るのか。

もしかすると、そのおおもとは山越えした日本海沿岸の「越」にあるのではないか。会津坂下地区の取材をする中で、越後へ向かう古い街道の分岐点に気多《けた》神社があることに気づいた。まずこのことが大きな発想転換への始まりだった。

気多神社は日本海側の「越」の地に主に分布する古代からの神社であって、会津坂下のそこから分岐する越後街道はほぼ阿賀野川に沿っており、この川を下るとまさに日本海に達する。しかもこの河口付近は、やはり文化の伝播にとって重要な働きをした信濃川の河口とも近かった。

阿賀野川・信濃川、これら二つの川の

河口部や沿岸の「越」の地には初期古墳が点在している。つまりこのことは、会津地域に初期古墳が見られることと無関係ではなかろうと思えてくる。

また、この阿賀野川は会津坂下の地で只見川《ただみがわ》とも合流しており、この只見川の沿岸も最上流部へ行くほどに北関東と、あるいは新潟とを結ぶ古代の物流の道筋になっていたことも見えてくる。こうした文化伝播、物流の道は、実はここに見る古墳などより遙か昔の、縄文時代、そして弥生時代の頃から連綿と続いてきたものであった。

そうした文化状況を語る考古学的な成果の一端を示してみよう。先にも述べたとおり、東北の南部に位置する福島県の会津と喜多方地区には思いがけず多くの初期古墳が存在している。この地域は福島県の中でも吾妻山《あづまさん》・飯豊山《いいでさん》の山系の中にありながら、このように多くの初期古墳がある。それを一覧表で示したのが「会津・喜多方地区の古墳分布一覧表」であり、「会津地区古墳分布図」である。

「会津・喜多方」から米沢へ

「会津・喜多方」と山形県の米沢地区の間には吾妻山が立ちはだかっているのだが、国道一二一号線（トンネルもできて旧道は廃道状況のようではあるが）は「大峠」を越える古代からの喜多方と米沢を結ぶ街道だった。そして、米沢盆地にも、置賜《おきたま》地区の南陽市などを含めて初期古墳が多く分布している。

この米沢の地に初期古墳が多いということについては、陸の内部であるだけに伝播ルートを考えないわけにはいかない。その伝播の道は二つ考えられる。

その一つは、この大峠による「会津・喜多方」地方とのつながりが目に見えてくる。

そしてもう一つ米沢地区に関しては、最上川河口に見るべき古墳がないだけに最上川より南で阿賀野川より北に位置する北越地区の胎内川と荒川の二河川が注目される。このあたりの胎内市と村上市には初期の古墳が散見されるのである。

荒川は国道一一三号（小国街道）に沿って流れており、遡上したその源流は山形県でも初期古墳の見られる川西町と接している。

この街道と川はＪＲ米坂《よねさか》線と平行していて、このルートは山形県内では初期古墳群の多い置賜地区を東西に横切り、蔵王の南麓を進んで二井宿、七ヶ宿などを経て宮城県と福島県の境目あたりの白石に至り、太平洋の沿岸部に達しているのである。

こうした初期古墳の流れはその後の、中期末期の古墳の築造にも影響が及んだに違いない。

ちなみにこの太平洋岸の宮城県側の岩沼市、角田《かくだ》市、あるいは福島県側の相馬市などは中期以降の古墳が多く存在している地域である。

３　「越」地方と「北関東」との交流

四隅《よすみ》突出型墳丘墓の流れ

四隅突出型墳丘墓は、出雲地方を中心として弥生時代に山陰地区で多く造られた墓で、墳丘は四つの隅が奇妙に張り出した形をしている。特に出雲市大津町の西谷《にしだに》墳墓群と安来《やすき》市の荒島墳墓群などのものが集中した例として知られている。この墳形の見られる地域は「四隅突出型墳丘墓一覧」の表に示したとおり

四隅突出型墳丘墓　県別分布
（島根大学法文学部考古学研究室）
四隅突出型墳丘墓一覧データベース
（2008年9月）を参考に作成

県名	件数合計	
島根県	39基	邑南町　1
		隠岐の島西町　1
		出雲市　11
		松江市　15
		東出雲町　1
		安来市　10
鳥取県	28基	米子市　11
		伯耆町　2
		大山町　7
		倉吉市　5
		湯梨浜町　1
		鳥取市　2
福井県	3基	福井市　3
石川県	1基	白山市　1
富山県	10基	富山市　10
広島県	17基	三次市　12
		庄原市　3
		北広島町　2
岡山県	1基	鏡野町　1
兵庫県	2基	加西市　1
		小野市　1
福島県	2基	喜多方市　2
総計	103基	

である。

この表で見てわかるように弥生時代の山陰地区の古い墳丘墓が古墳時代にさきがけて越後との境の山を越えて会津に達していることがわかる。

積石塚と千曲川

大陸、朝鮮半島との関係が深く語られる積石塚は信濃北部の善光寺平近く、千曲川の沿岸に突出してみられる古墳の形である。

この地域以外では山梨県のものがよく知られ、さらに香川県、徳島県等々でも見られる。いずれにしても他の古墳と違って形態が特徴的であり、地域も偏在しているなど謎も多く、一般的に高句麗など朝鮮半島から中央アジアとの関係がある墳形だといわれている。

この形の古墳と東日本との関係を見ると、東北の北部に見られる「エゾ塚」と呼ばれる古墳の中にも明らかに積石塚が見られる。あるいは金銅製飾履《かざりぐつ》・装身具類や武器・馬具などが出土している群馬郡箕郷町《みさとまち》下芝の谷ツ古墳の形態が積石塚であったとされている。

またこれ以外に、山口県萩市見島《みしま》にあるジーコンボ古墳群が注目される。このジーコンボ古墳群は二百基にのぼる積石塚古墳群であって、東北各地の末期古墳に出土例の多い蕨手刀《わらびてとう》がここからも出土している。これらはここに見た千曲川沿岸の積石塚との関係とも合わせて考える必要があるだろう。

いずれにしても謎の多い「積石塚」である。

ここでは、千曲川沿岸の代表的な「積石塚」について確認しておく。

八丁鎧塚《はっちょうよろいづか》古墳

須坂市大字八町にある河原石を積み上げた積石塚古墳で、長野県史跡である。第一号から第五号まである。鏡・碧玉製勾玉《へきぎょくせいまがたま》・貝釧《かいくしろ》などが出土。この出土した鏡によって、これまで六世紀以降の古墳であるとされていた定説を覆し、五世紀代に遡らせることになった。

馬の飼育等重要な発見があり、また、国内では稀な帯金具も出土した。これらによって朝鮮半島との関連が明確となった。（なお、千曲川沿岸の古墳については『千曲川古墳散歩――古墳文化の伝播をたどる』彩流社・二〇一四年刊・相原精次・三橋浩著がある）

4 黒潮に乗った太平洋沿岸の古墳

装飾古墳の流れ

古墳時代の中末期にかけて横穴式構造の古墳や丘陵の崖部に穿《うが》たれた横穴墓に線刻画《せんこくが》や、時に彩色《さいしき》された装飾のある古墳を見かける。「装飾古墳（線刻画を含む）」と呼ばれるものである。ただこれは飛鳥の地に発見された高松塚やキトラ古墳の「壁画古墳」とは別扱いしている。

ところで装飾古墳の分布を見てみよう。表に掲げたように九州各地の各県が数は突出しており、そして山陰地方の鳥取県・島根県も数の多さが目につく。それに対して瀬戸内沿岸から中部地区はあまり目立たず忽然と太平洋沿岸の、北から宮城県・福島県・茨城県、そして千葉県と神奈川県に分布が広がっていてこの地域全体では六十一件となっている。このことは何を意味しているのか。九州から太平洋沿岸へ海を伝って伝播したのか。

この件について、一つの可能性として、まず対馬海流が北上するのに乗って山陰地域を経て、「越」「会津坂下・喜多方」のラインを経て、山形県の置賜《おきたま》地区から太平洋沿岸の各地に、同じ文化を持った人々がほぼ同じ時代（古墳時代中末期）に広がっていったという状況を一点視野に入れるとともに、一方で薩摩半島を経由して太平洋沿岸をわたってきた古墳文化もあり、その一つとして装飾古墳が目につくのである。

次頁の表で確認できるように、太平洋側の装飾古墳の分布状況を見ると左右どちらも「装飾古墳」ということで、古墳の横穴石室内に鮮やかな彩色の施されたものや、古墳の編年では末期のものとされる崖の岩場に横穴が掘られた墳形（横穴墓）内の壁面に抉られたような線で刻まれた線刻画と言われるものも含

九州地区	福岡県	65	63
	佐賀県	21	13
	長崎県	8	8
	熊本県	88	176
	宮崎県	22	42
	大分県	17	20
四国地方	香川県	5	1
中国地方	鳥取県	16	51
	島根県	9	6
	岡山県	2	1
	広島県	1	
	山口県	1	
近畿地方	大阪府	3	29
	兵庫県	4	3
	奈良県	1	3
	和歌県	1	1
甲信越・中部・北陸地方	石川県	1	
	福井県	3	4
	山梨県	1	1
	長野県	2	1
	愛知県		1
	静岡県	1	3
関東地方	茨城県	8	22
	埼玉県	1	1
	千葉県	4	32
	東京都	2	1
	神奈川県	17	45
東北地方	宮城県	7	18
	福島県	12	24

上右側は1993年国立歴史民俗博物館10周年記念企画展「装飾古墳の世界」において頒布された関係図版の巻末に記載された「装飾古墳・壁画古墳一覧表」をもとにして数字のみ配列し直したもの。左の数字は九州国立博物館のインターネットサイトの「装飾古墳データベース」による数字である。

んでおり、両者の数字に隔たりがあるのは統計を取った時代のちがいとともに、報告された資料の読み方でなどによって件数が違って出てしまっていることによる。いずれにしても九州地区の突出した数字を除けば関東から東北の太平洋沿岸地区には目立って多い地域であることがわかる。

これらの中で赤を基調に複数の色が使われている「彩色壁画」と呼ばれるものは九州地区に集中し、また茨城県・福島県・宮城県の比較的太平洋に近い地域にも集中していて、その中間地点には見られない特徴である。なお同じ彩色画ではあるが奈良県の高松塚古墳とキトラ古墳の場合は切石の上に漆喰がほどこされ、その層の上に描かれているという特徴があって、他の彩色壁画と区別して見る見方もあって、その見方で言えば奈良県の「装飾古墳」の「3」という数字は「1」ということになる。

今ここで見てきたように「彩色装飾」の古墳に関しては九州地区と、関東東北の太平洋沿岸部とが思いがけない共通点を持つということになる。一体これはどういう現象なのか。黒潮の流れと文化の伝播、ということは言えないのだろうか。そういう形での解説を見たことがない。

これとほぼ同質な問題がある。先の「装飾古墳・壁画古墳の一覧表」で見てわかるように似たような現象は古墳時代の終末期に近い頃、墳丘墓ではなく岩場の崖部分に墳丘墓の横穴石室と形態が似た「横穴墓」と呼ばれる群集墓が多く作られるようになっているが、この形式の墓も九州地区と関東・東北の太平洋沿岸部に特徴的に多く確認されている。この両者は互いに関わり合いながら展開した文化である可能性がある。

人物埴輪と黒潮

同様な観点で確認したい要素のあるのが人物埴輪である。古墳と埴輪、ということになると埴輪の象形は様々であり、古墳時代で古いものは壺形、あるいは特殊器台と名づけられている円筒形の埴輪がある。これらの発生は西日本であって、それが関東にも及んできたと考えられる。

これとは別に「古墳に石人」これは九州地区に見られる特徴である。一方、人の形をした埴輪は「人物埴輪出土例概念図」(『人物埴輪を語る』秘められた東国の古代・金井塚良一著・さきたま出版会刊、にある図を参照して作図)を見てわかるように圧倒的に東日本に多い。言うなら人物埴輪を古墳の上や周辺部に配置するというのは、どうも東日本が先駆地だったのではないかと思える要素が強いことが知られている。関西地区で人物埴輪が大量に確認された古墳としては、近くに大規模な埴輪の製作工場である新池遺跡などもあり、継体天皇陵ではないかとされる大阪府高槻市の今城塚古墳が群を抜いている。

なお継体天皇陵については、隣接している茨木市にある太田茶臼山古墳が宮内庁によって継体陵とされているが、古事記には、「御陵は三島藍野陵」とあり、平安時代の延喜式には、「継体天皇の三島藍野陵は嶋上郡にある」と記載されている。太田茶臼山古墳のある地域は昔、摂津国島下郡であり、島上郡は現在の高槻市。このことにより、今城塚古墳の方が真の継体天皇陵であろうと見る向きが多くなっている。

ところで東国の古墳に多く見られる人物埴輪を配する古墳の意味は何か、という議論は何らかの儀礼に関わるもの、とりわけ墳墓との関係から葬送儀礼の様子などが反映しているのではないかとされるが、まだ定説はない。

東国に見られるそうした風習は九州地方の石人の変形として発生したのではないか、そんなことを思わせるのが鋸歯文《きょしもん》と名づけられている三角形を連続的に配した文様に見ることができる。

例えば図版で示したように福岡県高田町の石神山《せきじんさん》古墳出土の石人は甲冑姿であるが、この甲冑の胸部の模様が鋸歯文であり、これが関東の古墳出土の埴輪には王冠に、着ている服装に、あるいは武人の楯にと、様々なところに使われている。

この鋸歯文は埴輪だけでなく、九州と東国に突出して多いと指摘した彩色壁画のある古墳にも多く見られる図形でもある。

これらに共通して見ることができ鋸歯文なども、これまでのように放置しておかず、一つの仮説としてでも太平洋岸を北上する黒潮の流れに沿った文化伝播という見方をして検討してみる意味は大きいのではないかと思われる。

千葉県成田地区の埴輪

千葉県の国際空港のある成田の周辺はまれに見る古墳の宝庫である。この周辺だけで五百基を下らない

茨城県ひたちなか市虎塚古墳の彩色壁画のある石室

栃木県壬生町・富士山子古墳出土・巨大な家形埴輪

久里浜蓼原古墳出土・琴を弾く人物埴輪

群馬県太田市由良出土・盾持ち人埴輪

福島県いわき市神谷作 101 号墳出土・胡座の人物

千葉県芝山古墳群出土

茨城県鉾田町・不二内古墳出土・跪座の人物

福岡県高田町石神古墳出土の石人

千葉県芝山古墳群・姫塚古墳から出土した埴輪（芝山・はにわ博物館前の庭）

千葉県芝山古墳群・姫塚古墳と出土した埴輪（レプリカ）

ほどの古墳があるといわれている。

その中でも芝山《しばやま》古墳群は殿塚、姫塚と呼ばれる二基の古墳が並んでおり、この古墳は周辺の発掘によって夥しい埴輪が確認されたことでも知られている。この古墳を紹介するために芝山町立と、仁王尊と呼ばれて親しまれている古刹が設置している二つの「はにわ博物館」があるほどである。

夥しい数というだけでなく、特にこの古墳の人物埴輪はほとんど実物大のものもあり、しかもそのいでたちが日本中のどの古墳の人物埴輪とも違っている異質な服装、帽子、そして何より鼻が高く、あごひげが長く、髪の毛は巻き毛であり、風貌は東洋人ではなく、明らかに中東か、ヨーロッパの人物かという様子なのである。

この人物埴輪は仁王尊にあるものがその特徴をよく示しており、成田空港脇の芝山から松尾方面へ抜ける街道は「はにわ街道」とも呼ばれていて、道の途中や、交差点に、その埴輪を模したかなり大きな埴輪が通る人の目を楽しませている。

5　鹿嶋地区の古墳群

関東地方の太平洋の沿岸における古墳についてさらに深めよう。千葉県に隣接して茨城県の鹿嶋地区にも多くの古墳が存在する。

まず鹿嶋市宮中にある宮中野《きゅうちゅうの》古墳群。この古墳群は鹿島神宮の西北部にあって、霞ヶ浦の北浦に向かって突きだした二つの台地上に、大きく南北に別れて分布している。前方後円墳十六基、帆立貝形二基、円墳百十三基からなる大古墳群である。ここにある古墳からは石棺・人骨・鉄刀・刀子・玉類・埴輪等が出土している。ただ、この大古墳群も畑地の耕作や工業用水の浄水場建設で多くが消滅した。

宮中野南台地での代表的な古墳にお伊勢山古墳がある。前方後円墳。全長九六メートル。この古墳を主墳としてこの台地にはかつて三十二基の古墳が分布していた。

宮中野北台地には市指定史跡である夫婦塚《めおとづか》古墳、大塚古墳がある。夫婦塚古墳は前方後円墳で全長一一〇メートル。南台・北台あわせこの古墳群中最大である。六世紀初頭の築造とされ、石室内部に赤彩の箱型石棺が確認された。古墳周囲から家・動物・人物埴輪などが確認されている。

大塚古墳は前方後円墳（または帆立貝型）で全長九二メートルある。この他に小野塚古墳など全てで八十三基からなる大古墳群であった。

また近くには小さな社ながら鎌足神社がある。この鹿嶋は千葉県に多い中臣（藤原）鎌足の出生地との

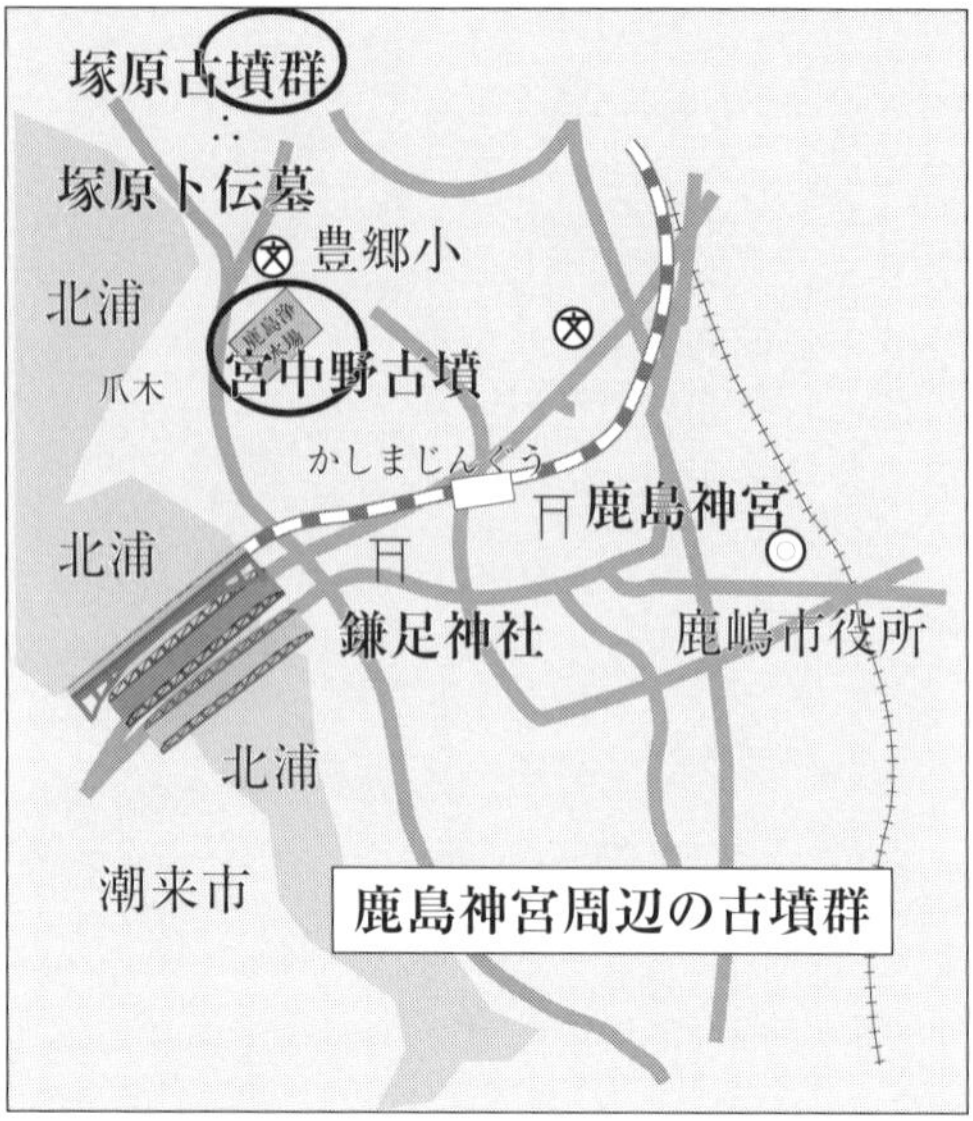

鹿島神宮周辺の古墳群

伝承がある。千葉県と同じ文化であることを思わせる。

茨城県最大の古墳集中地・潮来《いたこ》の周辺

潮来市大生《おおう》には県指定史跡大生西古墳群がある。大生神社がありその西側に古墳が分布している。この被葬者は鹿島神宮と密接な関係のあった多氏《おおし》一族とされ、その奥津城《おくつき》であったことは各方面から立証されている。主なものとして鹿見塚《しかみづか》古墳、子子舞塚《まこまいづか》古墳、天神塚古墳、白旗八幡塚古墳などがあり、総数二十数基の古墳からなっている。この古墳群は、古墳時代中期の築造と推定され、周辺の自然が残っているだけに墳形はよく保存されている。この大生西古墳群に隣接して大生東古墳群・カメ森古墳群・田の森古墳群などがあり、古墳群の集中地である。これらを総称して大生古墳群と言い百数十基からなる茨城県下でも有数の古墳群である。

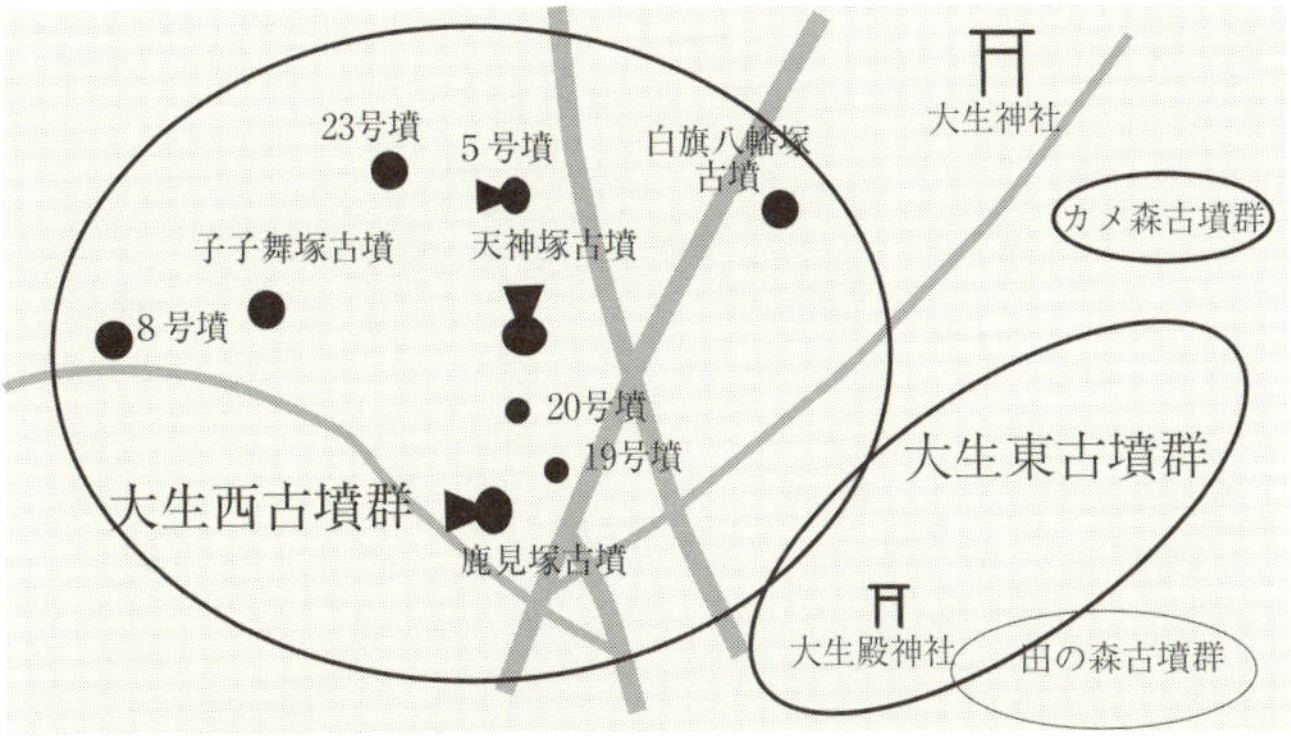

天神塚古墳

五号墳

鹿見塚

大生神社

謎を秘めた霞ヶ浦周辺の古代史

謎に満ちた多氏

霞ヶ浦及び鹿島神宮周辺には夥しい数の古墳群が集中している。この事実は何を意味するのだろう。その古墳群の中でも注目されるのが大生神社周辺の大生古墳群である。この古墳群を造営したのは大生神社を祭祀した多氏一族ではなかったかと言われている。この多（大生・大・邑生・意富・於保・飫富等々の表記あり）氏は最古の皇別で、神武天皇の皇子、神八井耳命の後裔が「多」姓を得たことに始まるとされている。その一族は多岐にわたり、阿蘇国造家や科野国造家などと同族であり、子孫は全国的に広がっている。後裔の太朝臣安麻呂は『古事記』『日本書紀』の撰者としても知られている。

建借間命《たけかしまのみこと》と杵島《きしま》ぶり

茨城県の鹿嶋と同じ地名が佐賀県の鹿島市で、「かしま」は、杵島に由来しているという。杵島山は「歌垣」の山として『肥前国風土記』逸文に出てくる。一方『常陸国風土記』の行方郡の条に建借間命は崇神天皇のとき東の賊を平定するため東国に遣わされ、敵がなかなか降伏しないため一計をめぐらせ、七日七夜「杵島ぶり」を歌い、踊り、相手が安心したところを背後から襲い、土着の一族を滅ぼしたという話が出ている。その後建借間命は那珂国造となっており、水戸市最大の愛宕山古墳がその墳墓であると伝えられている。この建借間命は常陸周辺に勢力を張った多氏の祖であろうという説は強い。

多氏の移動と歌垣と装飾古墳

この「杵島ぶり」は肥前国の杵島の歌垣での民謡であることを考えると、建借間命は大和朝廷との関係以前に九州に関わりを持ち、「肥前→常陸」とラインが繋がっていたことが考えられ、そのことと古墳の状況を考えると「装飾古墳」がまず浮かび上がる。つまり、6世紀半ばから7世紀にかけて九州に多く見られるものと類似する装飾古墳・装飾横穴墓が、常陸から陸奥の太平洋岸に多く造られている事実である。毎年春と秋に村の男女が山に登り、酒を飲み、歌を掛け合って結ばれる歌垣が風俗として、有明湾を見下ろす杵島山と霞ヶ浦を見下ろす筑波山に共通して伝えられる事実もある。

筑波山

鹿島神宮

船塚山古墳

府中愛宕山古墳

6　常陸霞ヶ浦周辺の古墳

霞ヶ浦の北端・石岡市の古墳

霞ヶ浦の北端に接している石岡市。市内には石岡地区二十八基・高浜地区五十三基・三村地区二十六基・関川地区二十五基、計百三十二基の古墳が確認されている。この中で石岡地区の舟塚山古墳は県内最大であるとともに、関東地区でも二番目の大きさである。全長一八六メートルで石岡市北根本にある。五世紀後半の築造とされる。国指定の史跡で、この古墳群中の主墳である。発掘調査は行われていない。墳形は堺市の大仙古墳、奈良市のウワナベ古墳などと共通し、築造は五世紀後半のものとされている。周辺の堀を含めた墳形全体では二五〇メートルにもなる。霞ヶ浦からの入船を模しているとされる。

同じ地域に府中愛宕山古墳がある。前方後円墳で六世紀前半の築造。全長は九六メートル、県指定史跡である。舟塚山古墳と道を隔てて向かい合っている。霞ヶ浦

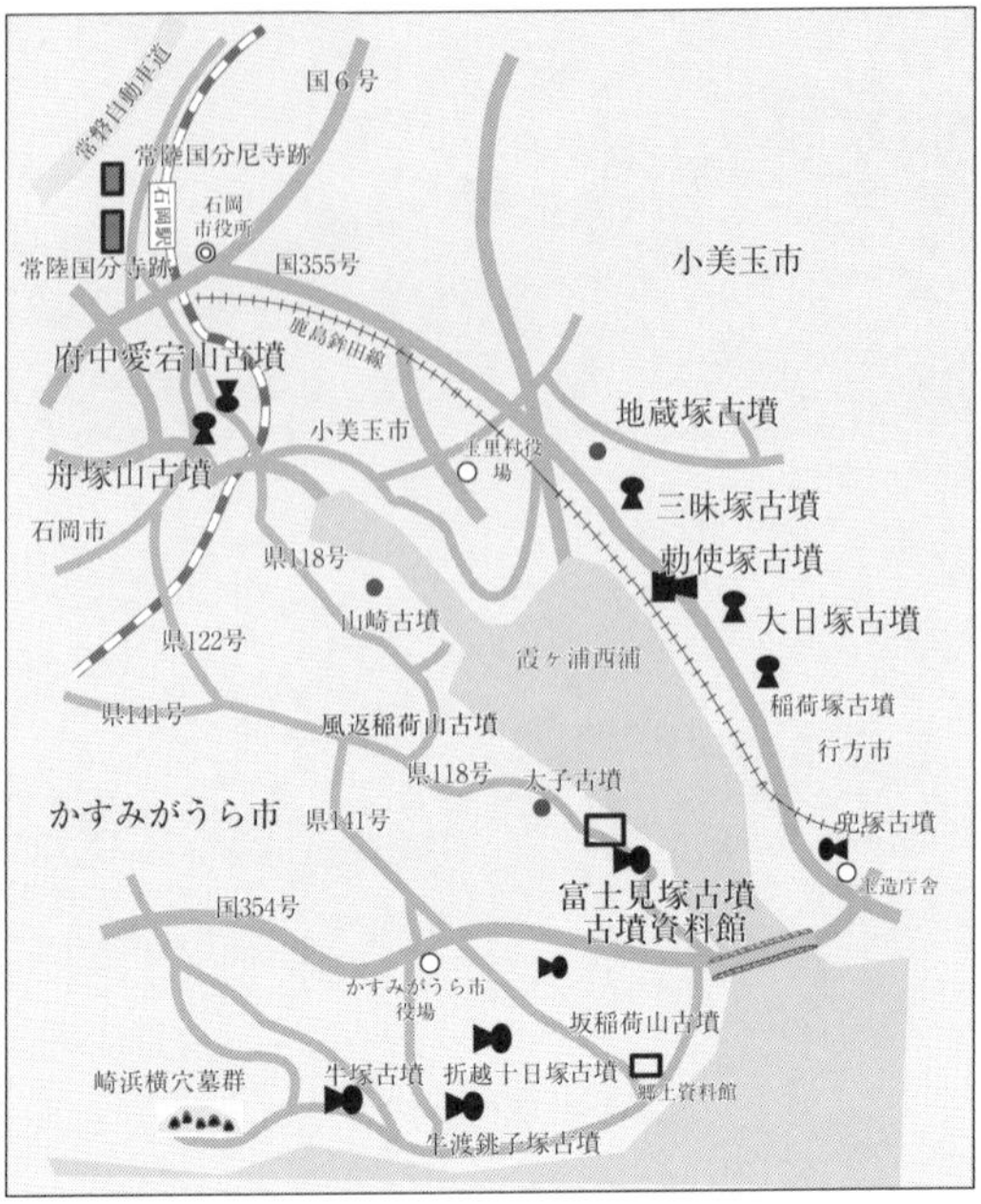

を眼下に見下ろす丘陵上にあって、舟塚山古墳を主墳とする二四基からなる古墳群の中の一つ。主体部の発掘はなされていないが、周溝部より多くの円筒形埴輪片が発見されている。古墳の向きから出船になぞらえている。

周辺には小円墳など二十四基が確認されている。

霞ヶ浦西浦 東岸・西岸の古墳

霞ヶ浦でも最も奥の入江が西浦。この浦を中に挟み、県下最大の古墳の存在する石岡市を扇の要として、東岸には、国道三五五号線の通る小美玉《おみたま》市・行方《なめがた》市、西岸にはかすみがうら市があって、それぞれ岸辺には多くの古墳、古墳群が続いている。言うならば霞ヶ浦のどの岸辺も古墳の群集地なのである。ここでは東岸の行方市と西岸のかすみがうら市の古墳を確認してみたい。

東岸・行方市の古墳〈三昧塚《さんまいづか》古墳〉

行方市沖洲の市指定史跡。前方後円墳・全長八五メートル、六世紀初頭の築造。昭和三十年に発掘調査

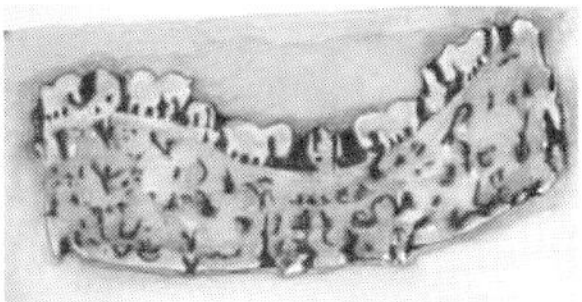

三昧塚古墳と出土した金銅製王冠

が実施され、石棺内部から多くの副葬品が出土した。中でも注目されたのは埋葬された人物の頭部に着装したような状態で八頭馬形飾金銅冠が出たことである。左右がそれぞれ山形を呈し、全体の長さは約六〇センチ、正面には蝶形の飾金具を二段に配し、上縁には花形と馬形の飾りを交互に付け、頭に巻く部分には方形に区画した立花形や花形文など複雑な透し彫りの文様等々、他に例を見ない貴重なもの。この他に耳飾り、鏡、櫛、等々多くの出土品があった。これらは国の重要文化財の指定を受け、県立博物館で所蔵している。

東岸・行方市の古墳〈勅使塚古墳《ちょくしづか》〉

行方市沖洲にあって前方後方墳。茨城県下では最古の古墳で全長六四メートル。四世紀末の築造である。霞ヶ浦の岸に接した丘陵部に大きくそびえている。丘陵部を利用して作り上げていることからその墳形の立ち上がり方は他にあまり例を見ない急斜面になっている。個人のお宅の敷地内の古墳で、見学には許可を得る必要がある。主体部は粘土床に木棺直葬。管玉・ガラス玉・重圏文鏡など。

上：富士見塚古墳　下：富士見塚古墳陪塚

東岸・行方市の古墳〈大日塚《だいにちづか》古墳〉

行方市沖洲にあり先の二つの古墳と同様、国道三五五号線に沿った丘陵の上にある。ただ、二つの古墳と違って、こちらは雑木林の中にあるため、ポイントを定めて探さないと見つけにくい。写真に見るように、石室が開口している。出土した猿の埴輪は国指定重要文化財として国立博物館が所蔵している。前方後円墳・全長四〇メートル。六世紀前半築造。

西岸・かすみがうら市の古墳〈富士見塚古墳〉

霞ヶ浦町柏崎にあって、市指定史跡。霞ヶ浦に突き出た半島状の丘陵頂部にあり、霞ヶ浦町の最高地点でもある。対岸からもはっきり墳形が眺められる。また古墳公園として整備され、資料館も整っている。急な立ち上がりの墳形で、墳頂からは眼下に霞ヶ浦を見、北西の方向に筑波山を見ることができる。前方部高一一・五、後円部高一〇・四メートルと前方部の方が高いのが特徴である。前方部墳頂の主体部は盗掘されていたが箱形石棺があり、人骨などを採取した。墳丘裾の周溝部か

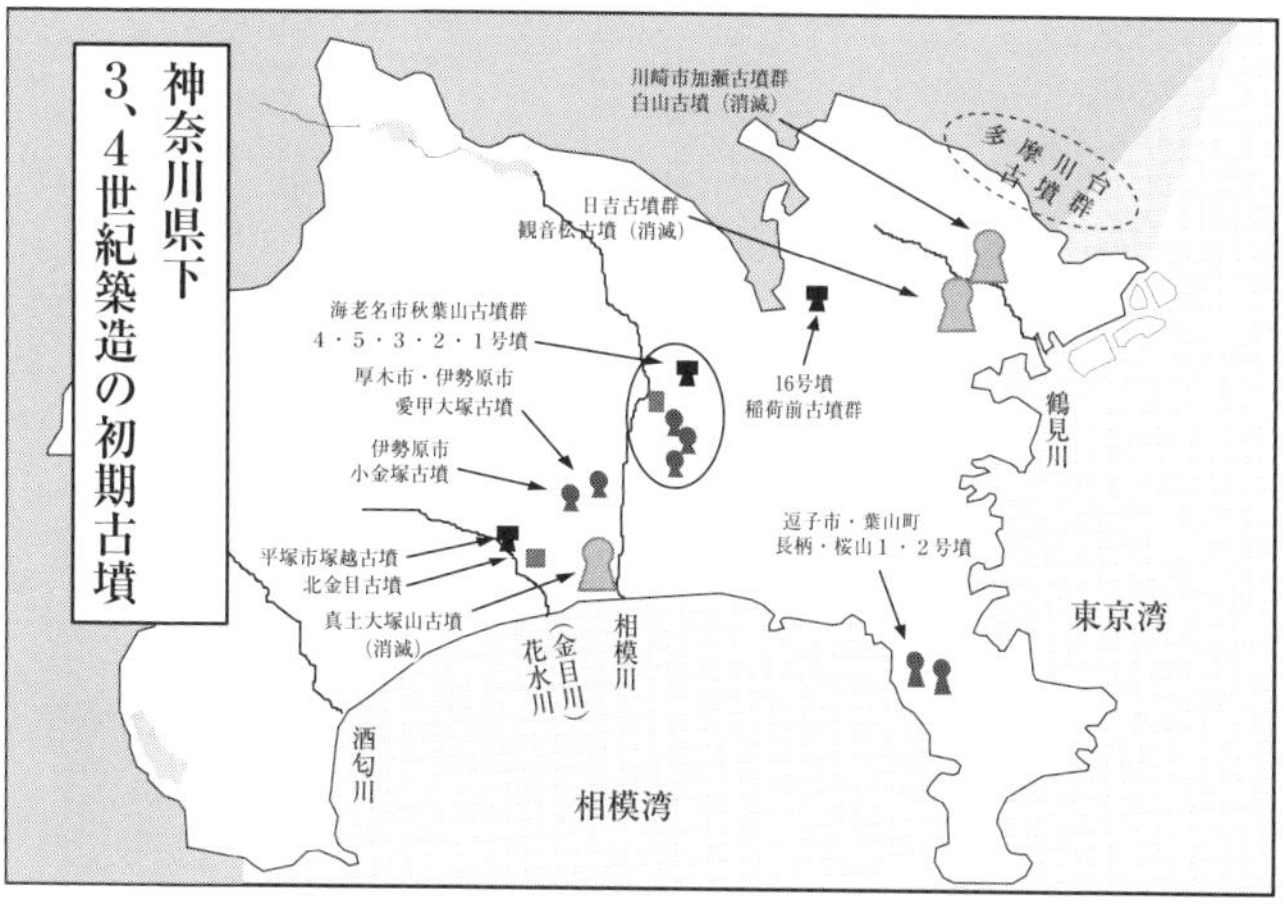

ら円筒・形象埴輪などが確認されている。前方後円墳全長七八メートル。石室内部に内部赤彩箱型石棺あり。家・動物・人物などの埴輪あり。六世紀初頭の築造。

　これらのほかに富士見塚一号墳・五世紀後、富士見塚二号墳・六世紀末など。

　このように多くの古墳の分布する霞ヶ浦周辺は、先の一八三頁の画像で示した装飾古墳の虎塚古墳がこの茨城県にあることを勘案して、この周辺では太平洋の黒潮に沿って、遠く九州の各地との文化交流があったことをうかがわせる。古墳時代に続く次の律令時代に入ってこの古墳群の近くに常陸の国分寺が営まれたことも合わせて注目していいだろう。

7　相模湾沿岸の初期古墳

　神奈川県の古墳がこれまで話題にのぼったことはほとんどない。一部の人を除いて神奈川県に古墳があることさえ知らないというのが現状だろう。このことは、一般の人が古墳に関心が

稲荷前古墳群
1号墳前方後円墳全長46 m
2号墳円墳大きさ不明
3号墳円墳直径20 m
5号墳円墳直径11 m
6号墳前方後円墳全長32 m
13号墳円墳直径16 m
14号墳方墳大きさ不明
15号墳方墳木棺直葬
16号墳前方後方墳全長38 m
（4世紀）
17号墳方墳（未調査）
15・16・17のみ現存

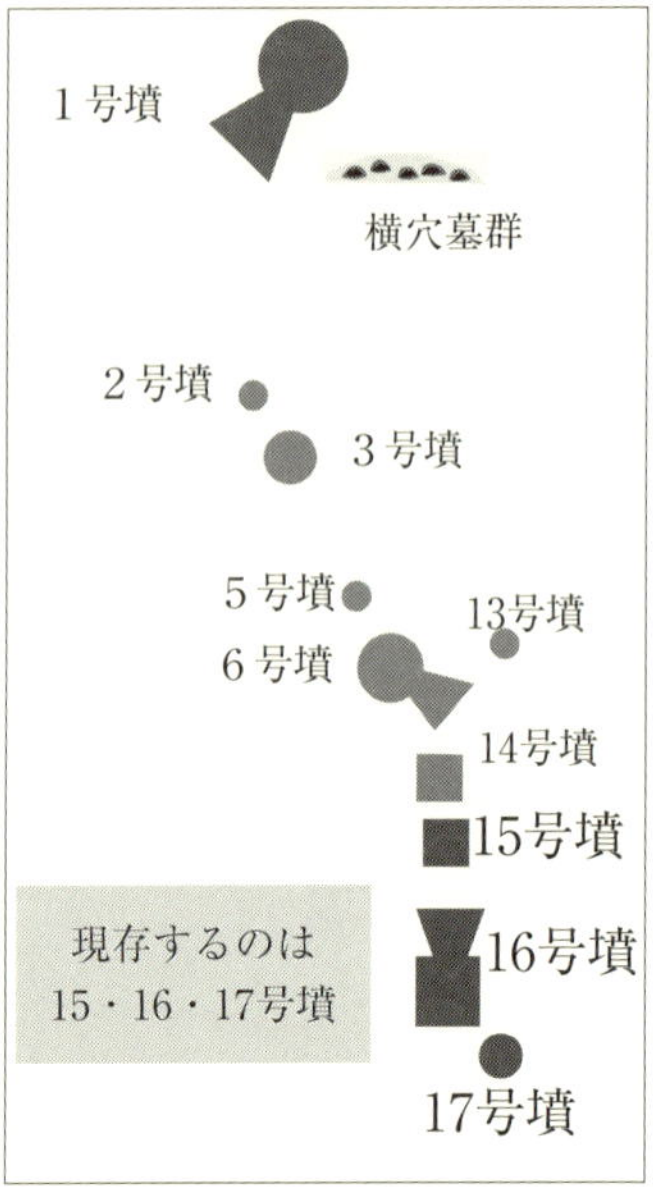

秋葉山古墳群
1号墳前方後円墳長58m 4世紀頃
2号墳前方後円墳長50.5m 4世紀前半
3号墳前方後円墳長51m 3世紀後半
4号墳前方後方墳長41m 3世紀後半
5号墳方墳27 × 26 m 4世紀中頃
6号墳円墳
（大きさ不明・一基離れている）

ないということも関係あるかもしれないが、一方で歴史教育が古墳文化の実態を語っていないということと関わる。日本古代史はできれば「大和朝廷」という概念の範囲にとどめておきたい、という「古代史学者」の大筋の思いがあり、その風潮に古墳学者は抗えずにいるというのが現状なのだ。一般が関心を持たないということと、歴史教育が古墳に無関心であるということとは表裏一体なのである。

神奈川県にも古墳はあり、少なくとも築造が四世紀、つまり古墳時代初期にまで遡るとされている古墳もかなりの数あるのである。

地域の開発などですでに消滅したものであるが川崎市と横浜市鶴見区にまたがる地に白山古墳（川崎市幸区・全長七五メートル・初期前方後円墳・三角縁神獣鏡など出土）、観音松古墳（横浜市港北区・全長八六メートル・初期前方後円墳・内行花文鏡など出土）の二基の前方後円墳がある。

横浜市内で初期古墳は青葉区大場町にある稲荷前古墳群で一～十七号までが確認され、現在十五・十六・十七の三基が開発による削平を逃れて現存している。この中でも十六号の前方後方墳は初期の四世紀代の築造と見られている。両古墳は、矢上川の左右の岸に対峙して存在していた。

さらにこれらを超えて古い時代の古墳も確認されている。弥生期と直接つながるような古墳時代初期、中でも最古級に属するのが海老名秋葉山古墳群中の各古墳で三世紀の築造と見られているのが三・四号墳で、三～四世紀にかけた頃のものが二号墳、四世紀が一・五号墳と見られている。この古墳群はさほど広域を占めておらず、墳形も大きくはないが、築造年代の古さは、驚くほどのものである。またこの地域にはこのほか上浜田古墳群があり、また相模国分寺の遺構も確認され、古代の班田収授の条里制も残っているなど古代史に関わる重層した史跡の残る地域である。

相模湾岸では相模川の河口に近い真土《しんど》大塚古墳（平塚市真土・全長六〇メートル前後・前方後円墳と見られ

塚越古墳とその解説板

左奥遠景に富士山、右手に大山を見る。平塚市と秦野市の境目に近い平塚市側にある。東海大学湘南キャンパス近くで、近くの「王子ノ台遺跡」は縄文・弥生時代の複合遺跡である。

るが、墳形不明・三角縁神獣鏡など出土）があり、現在は消滅してしまっているが初期古墳である。

また秦野地区には秦野市北金目に塚越古墳（全長四五メートル・前方後円墳）があって、この古墳も四世紀代の前期古墳である。この周辺は開発で消滅しているが「四十塚」と呼ばれる古墳群であり、近くの「王子ノ台遺跡」は縄文・弥生時代の複合遺跡である。相模湾の古代文化を再考する意味は大きい。

また時代が降って七・八世紀頃、大量の渡来集団が関東方面に移住した状況がうかがえる遺跡が、とりわけ大磯のあたりに多く見られる。大磯には花水川西岸の高麗山《こまやま》の麓に高来神社がある。背後に高麗山があるが朝鮮半島を連想しないためにだろうか神社は「高来」と漢字を当て直し、「たかく」と読ませる。歴史文化を消し去った「戦前」の時代性がこんな所にも見えてくる遺跡である。

この周辺は関東地方に多い古墳時代末期から奈良時代にかけて造られた横穴墓が突出した多さで確認できる地域でもある。この横穴墓とは崖の岩場に横

穴を掘った墓のことである。大磯以外に神奈川県では藤沢や鎌倉等々の丘陵地には多く見かけるが、大磯の集中した規模は他を圧倒している。おそらく朝鮮半島からの渡来者ともこの墓の文化とは結びつきがあるのだろう。

この大磯に移住した渡来集団がさらに北武蔵、現在の埼玉県に移住したもの、との見方があり、周辺の古墳文化の接点として注目すべき要素が多い。

このあたりはかつて「大住郡《おおすみ》」といい、平塚市の馬入あたりを含む地域であり、古墳時代に限ってみても前述の真土大塚山古墳（現在消滅。前方後円墳か前方後方墳）からは弥生時代末から古墳時代初頭の土器片と、京都の椿井大塚山古墳のものと同じ鋳型の三角縁神獣鏡が出土している。ここは相模川の河口部になり、この上流に古墳文化の上で最古級とも言える先に見た海老名の秋葉山古墳群もある。

三浦半島及び鎌倉の古墳文化

これまで見てきたのは神奈川県下の古墳時代初期

長柄・桜山２号墳

築造の古墳の状況であるが、やはり古墳時代のことではほとんど話題にのぼらない鎌倉から三浦半島にかけての古墳についても述べておきたい。

半島付け根の前方後円墳

一九九九年、三浦半島の付け根に新たに九〇メートル級の二基の前方後円墳が発見され、話題になった。この二基の古墳は湘南の海を見晴らす高台の上にあって、いかにも海を制した当時の首長の勢いを示している。ここには以前から丘陵尾根の逗子市と葉山町の境界線上に自然遊歩道があった。この山頂に携帯電話の受信アンテナを建てる計画が持ち上がり、工事を始めようとしたとき、郷土史家が埴輪片のような物を見つけた。そのためここが古墳ではないかと考えられ、調査されることになったのが発見に至る経緯である。古墳の所在地が逗子市と葉山町の境界部分にあったため、両方の地名を取り、「長柄《ながえ》・桜山」一号・二号墳と呼んでいる。ともに四世紀後半の築造。古墳丘陵の海に近い方、二号墳の後円部墳頂には相模湾を見るための展望台が作られており、湘南の海が眼下に広がっているのが見える。

東京湾に目を移し、その対岸の千葉県は全国でも一・二を争う古墳の多い県であるが、その古墳県ともつながる文化の姿である。倭建命《わかたけるのみこと》説話の弟橘媛《おとたちばなひめ》の話にある走水《はしりみず》（浦賀水道・現在久里浜フェリーが運航している）で

久里浜・蓼原古墳出土の埴輪
「琴を弾く女」腰回りの鋸歯文（三角紋）等を含め、千葉県芝山古墳群出土の人物埴輪と同系統のものであることを思わせる。

つながっている。

鎌倉の古墳

　鎌倉の歴史を語るとき、一寒村にすぎなかったが一方が海に向かい、三方を山に囲まれた要害の地であった、と語られる。この「常識」は『吾妻鏡』の「所は素より辺鄙にして、海人野叟の外は、卜居の類之を少うす」という表現を根拠としている。これは「（頼朝が居を定めたところは）辺鄙で、アマや野人の他はあまり住んでいなかった」という意味なのだが、大倉郷に頼朝が「御亭」を建てることになった周辺のみの様子を述べたもので、決して鎌倉全体を表現したものではない。しかしこの一行にも満たない部分だけを先行させて近代の歴史学は強調し、幕府創建以前の鎌倉はほとんど未開かのように語っている。そしてこのイメージは鎌倉だけではなく東国そのもののイメージであるかのように拡大されて扱われてきた。

しかし、この「東国未開」の発信元の鎌倉とその周辺には、奈良時代の遺跡はもとより、先の長柄桜山一・二号墳に見たように古墳も存在している。

向原古墳群〔鎌倉市由比ヶ浜〕 由比ヶ浜の砂丘地帯にあった古墳群。明治二十年に道を造るために削られ、消滅した。

采女塚《うねめづか》古墳〔鎌倉市由比ヶ浜〕 女子像・武人像などの形象埴輪が出土した。

和田塚古墳（無常堂塚）〔鎌倉市由比ヶ浜〕 円筒埴輪・馬形埴輪の断片などが出土している。現在、和田一族の供養塚として知られている。

鎌倉由比ヶ浜 新たに確認された石棺墓

江ノ電和田塚駅の南五〇メートルほどのところに二十基ほどの五輪塔が並んだ一角がある。これらは和田義盛一族の墓とされている。『鎌倉市史』考古編では「大正時代ここを訪れたとき、まだ円墳状のものが残り、崩れた裾から埴輪断片が採取された」と述べ、土地の人の話として「もとこの辺に塚がいくつもあったが次第に開墾されてなくなってしまった」と伝えている。向原と呼ばれていたこのあたりは古墳群だったようである。そのことを証する新しい古墳が見つかっている。

由比ヶ浜新発見の古墳

つい最近（二〇一六年六月）、右の和田塚から一〇〇メートルほど北側の、同じ由比ヶ浜の砂丘地帯に新しい古墳が見つかり、六月十二日に現地説明会があった。由比ヶ浜に子供センターを建設するための事前調査の折、古墳時代の箱式石棺墓が見つかった。その石棺内には仰臥した身長一五六・二センチほど、骨や歯の状況から十五歳前後の男性とみられる人骨が確認された。詳細の検討は今後を待つことになるが、この由比ヶ浜一帯が合戦塚などより以前の古墳時代に、立派な埋葬施設のある古墳を造営できる人たちが住まい、文化を持っていたことがわかるのである。

8 沼津の初期古墳「高尾山古墳」は何を語るか

すぐ脇まで迫っている道路建設　存続か消滅か

最近沼津市の「高尾山古墳」のことがかなり話題になっている。以前から古墳らしいとは思われていたが、あまり関心が払われずにいた。ところが周辺の都市化が進み、地域の住民にとって幹線道路へつながる大きな道がないことは、生活に不便であるためバイパスを通すことになった。その工事も始まっていたのだが、この工事区域に小高い丘があってそこを切り崩す必要が出てきた。

実はこの丘が古墳だったのである。切り崩してしまう前に遺跡である以上発掘調査をすることになり、調

沼津市の高尾山古墳
道路建設優先か史跡保護かで揺れ動く、全国でも最古級とみられる前方後円墳。

査した結果、驚くことに現在日本中にある年代のほぼ確定しているものの中でも最古級に属するものであることもわかったのであった。

このためこの墳丘のわずか数十メートル手前まで進んでいた工事がストップしたままになった。発掘調査中でも、方針は「道を造る」ことになっていたため工事は進められていたのである。しかし、こんなに重要な古墳を壊すわけにはいかない、という論と、生活のためには「一日も早く工事の再開を」、という意見が真っ向からぶつかって膠着してしまったのである。

太平洋に面した最古級の古墳

この高尾山古墳がとりわけ注目されるのは、後方部の木棺跡から出土した鏡・鉄鏃《じり》の副葬品と土器である。その組み合わせなどから、三世紀前半頃のものという見方が出ており、現在日本で最古の古墳と喧伝されている箸墓古墳より古い時代に築造された可能性のある古墳ということになる。

「大和朝廷」というイメージで語りたい学者から「あり得

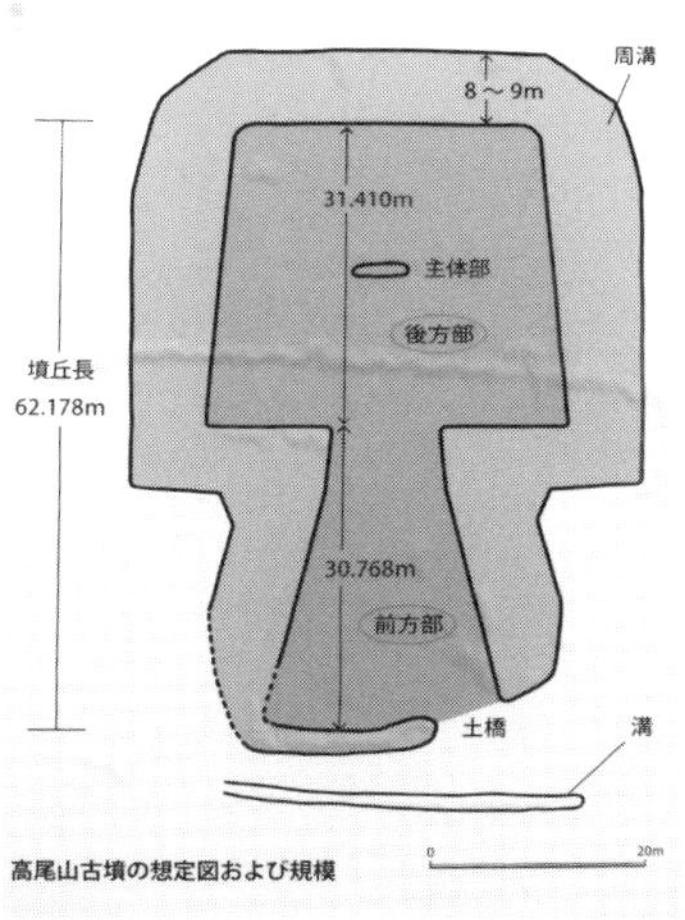

沼津高山古墳墳形

ない」という見方も出されている。こうした問題は先の神奈川県海老名市名秋葉山古墳群の場合にもあった。海老名の場合は地形的にあまり話題性はなかったためそっと捨て置かれている、といった印象である。

今ここで私たちは箸墓と半世紀程度の差でどっちが古いかという論争より、これら古墳の存在を近代国家発足と同時に停滞してしまった古墳文化研究への反省材料とし、日本列島全体での古墳分布のありのままの姿を見つめつつ、その意味を再検討するきっかけにすることの方が重要なのだと思う。

ここ沼津の高尾山古墳の周辺には神明塚《しんめいづか》古墳（五世紀後半・前方後円墳）・長塚《ながつか》古墳（六世紀初頭・前方後円墳）・子《ね》ノ神《かみ》古墳（前方後円墳）・馬見塚《うまみづか》古墳（円墳）・井《い》出丸山《でまるやま》古墳（六世紀後半・復元・円墳）、また六～七世紀築造と思われる古墳群として天神洞《てんじんぼら》古墳群（円墳・石室など復元された）・山《やま》ノ神《かみ》古墳群・東原《ひがしはら》五号墳などがあり、また古墳時代終末期の築造と思われる清水《しみず》柳北《やなぎきた》一号墳は上円下方墳で他と形態が異なっている。こうした事実の意味が問われていく日を待ちたい。

9　まだある静岡県の古い古墳

天竜川河口の最古級の古墳

静岡県磐田市向笠竹ノ内《むかさたけうち》に所在し、弥生時代中期から古墳時代前期にわたる墳墓で構成された新豊院山《しんぽういんやま》古墳群も注目していいだろう。一九八七（昭和六十二）年の発掘であり、国の史跡に指定されているが、この古墳群の重要さはほとんど表に出てこない。

この古墳群は、天竜川と太田川に挟まれた磐田原洪積台地の東縁辺部に小丘陵があり、その小丘陵上に三十基以上の小型古墳・台状墓・周溝墓が分布している。古墳群は、A～Dの四地区に分けられている。一九八〇（昭和五十五）年八月から、D地区の土取り工事に先立って、発掘調査が実施された。その結果、二基の前方後円墳（推定）と台状墓一基、弥生時代の土壙や土器棺の存在が確認された。東側から一号、西側に二号、また接する西側に三号と並んでいる。

一号墳は丘陵の東先端にあり、全長三二メートルの前方後円墳（または前方後方墳）である。二号墳は丘陵の高所にあり、全長三四メートル、前方部長さ一一メートルで撥形《ばちがた》に開く前方後円墳で、葺石は見られない。三号墳は一辺一二メートルの方形台状墓で、四隅を切ってある。

一号墳の主体部は発掘調査されていないために不明である。二号墳は、後円部に竪穴式石室があり、そこには箱形木棺が納められていたと推測されており、石室の長さ五メートル、幅約一メートル、高さ〇・七メートルである。石室内から銅鏃《じり》、鉄剣、槍先、直刀、舶載三角縁神獣鏡が、墓壙《ぼこう》内からは銅鏃、鉄鏃、小型素文鏡が出土している。前方部には礫槨《れきかく》状の埋葬施設があったと見られている。三号墳の主体部からは、箱形木棺が見つかっている。棺内から剣、鉄鏃が、主体部の真上から古墳時代前期の壺形土器が出土している。

静岡県磐田市寺谷《てらだに》にある寺谷銚子塚《ちょうしづか》古墳も新豊院山古墳群のものほどではないが、古い時代の古墳として注目される。築造年代は四世紀中頃から後半と見られる前方後円墳である。日月銘三角縁獣文帯三神三獣鏡、巴形銅器、銅鏃などが出土しており、一九五六（昭和三十一）年に国の指定史跡となっている。

静岡県静岡市葵区柚木・春日・沓谷《くつのや》地区にまたがってある谷津山《やつやま》古墳（柚木山神《ゆのきやまのがみ》古墳）も四世紀の築造と言われる前方後円墳である。全長は一一〇メートルあり旧駿河国の領域では最大規模。古墳丘は三段築成で、葺石は見られるが埴輪は見つかっていない。主体部は竪穴式石室であったと推定される。副葬品として鏡六面のほか数多くの品々が出土したが、ほとんどが散逸し所在不明で、一部が東京国立博物館に保管されている。古墳は静岡平野を一望する位置にあるが、特に巴川上流地域からの仰望が意識されていると考えられている。また、『先代旧事本紀』「国造本紀」に庵原国造《いはらくにのみやつこ》が治めたと見える「庵原国」の首長墓と考えられることから、巴川下流域の前期古墳群との関連が指摘される。

天竜川上流飯田地区の古墳

長野県の最南部に位置し、西側に中央アルプスの駒ケ岳、恵那山、東側に南アルプスの赤石岳・聖岳等々、二千、三千メートル級の山岳に挟まれて峡谷を作って南下する天竜川に沿って飯田市はある。ここはむしろ天竜川河口、つまり太平洋の黒潮が運んだ文化圏の最も奥まったところに花開いた古代の文化圏であろうと思われる。

古代の文化圏といったのは、ここは山あいの地なのに思いがけないほどの規模の石室を持つ古墳が数多く存在しているということである。

　この古墳の数々も古墳時代中期のものが多いのであるが、前方後方墳で、竪穴の石室を持っていると思われる早い時期、四世紀頃、周溝の痕跡の見られる代田山狐塚古墳がある。周囲の実測などは行っているものの石室内部ほかの調査は行われておらず、多くが不明なままなのは残念である。

　最近の高度な技術があれば、発掘だけではなく、様々な方法で古墳内部の調査ができそうだが、日本の古代文化調査は古墳に関しては消極的である。

　古代史の「常識」を覆してしまうような発見を恐れているのか、これについてもついそんなことを思ってしまう。

　現在の古墳に関する知識の多くは過去に盗掘されたもの、自然災害などで崩れたもの、やむを得ない建造物（道路など）の建設で壊さざるを得なくなったものが調査対象になっているに過ぎない。正式な学問調査というより、おこぼれで成り立っているというべきだろう。

Ⅱ　特異な人物埴輪と東国

芝山はにわ道にある埴輪の模造品

さて上に掲げた写真を見てどのように考えるだろうか。

・ずいぶん長細い帽子だね
・ずいぶん幅の広い帽子だね
・ずいぶん巻き毛が長いね
・ずいぶん鼻が高いね
・ずいぶんあご髭が長いね

まずそんな感想を持つのではないだろうか。一般に「はにわ」と言われて多くの本などを通して知っているイメージとあまりにもかけ離れ、驚いてしまう。続いてこんな感想が出てしまうのではないだろうか。

え？　これが埴輪の顔？

目のくぼみも深そうだね　まるでこれ西洋人の姿じゃないの？
これは誰かのいたずら？

当然の疑問であり、感想であると思われる。ただ考古学者には決してそうではなかったようである。それというも、ほとんどの古墳学者はこれを話題にもしないからである。

芝山はにわ博物館の前の公園・埴輪のレプリカ

ここに見る人物埴輪の特徴としては人物埴輪の出土例の多い関東地方の中でも千葉県山武郡あたりに集中的に見られるもので、「芝山はにわ」などとも呼ばれる。千葉県山武郡横芝町にある芝山古墳群中の殿塚古墳・姫塚古墳と名付けられた二基の古墳の内の姫塚古墳から出土したものが典型的な例である。この埴輪は一九五六（昭和三十一）年に発掘された。見たとおり顎の下に立派な顎髭を蓄えている、という特徴があり、「顎髭をもつ人物埴輪」の分類の中で語られている。類似のものがこの山武郡周辺のほかに茨城県に多く栃木、埼玉にわずか見られている。希少だが、この埴輪を述べた本がある。その分布の様子を示した『東国古墳時代埴輪生産組織の研究』（日高慎著　雄山閣）の「顎髭をもつ人物埴輪と長方形周堀をもつ前方後円墳」である。いずれにしても、数々ある埴輪のパターンからは外れた集団ではあるようである。

この人物埴輪は大小様々あるが、その代表的な数体は百六十七

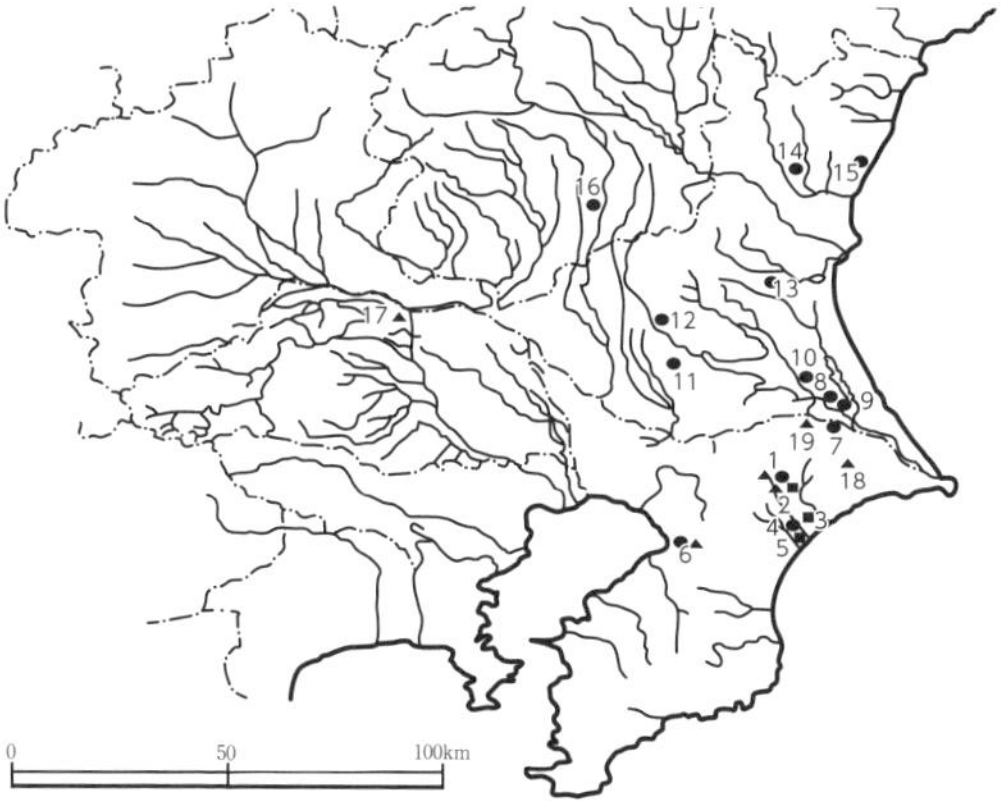

1. 千葉県山武郡横芝光町姫塚古墳
2. 山武郡横芝光町殿塚古墳
3. 山武市朝日ノ岡古墳
4. 山武市経僧塚古墳
5. 山武市西の台古墳
6. 千葉市人形塚古墳
7. 佐原市内
8. 茨城県潮来市棒山２号墳
9. 潮来市大生西１号墳
10. 行方市矢幡
11. 筑波郡
12. つくば市中台２号墳
13. 東茨城郡茨城町伝小幡北山
14. 常陸太田市大方鹿島神社古墳
15. 日立市
16. 栃木県真岡市若旅大日塚古墳
17. 埼玉県行田市埼玉古墳群
18. 千葉県旭市御前鬼塚古墳
19. 香取郡神崎町舟塚原古墳

ンチを超える、人体の大きさとほぼ同じで、大型のものである。一般的な人物埴輪との比較では群を抜いた大きさであり、そういった観点だけでも「特異」と言える埴輪群なのである。

この埴輪が出土したのは姫塚古墳の横芝町であり、これを展示する「はにわ博物館」が横芝町に隣接する芝山町に二館並んである。「芝山町立芝山古墳・はにわ博物館」と「仁王尊芝山はにわ博物館」である。近くに成田空港があり、航空機が間断なく頭上を行き来している。成田空港の脇を通る千葉県道六二号線は一名「芝山はにわ道」と呼ばれ、道の脇には点々と芝山古墳群から出土した埴輪の模造品が立っている。元々本体そのものが大きな埴輪だが、道路に面して並んでいる埴輪は二メートルほどもあって通行するドライバーの目を引いている。

この「はにわ」のモデルは西洋人？

一目見ればその特異さに気づくこの埴輪に関して、専門家は、その「特異さ」という方面からはあまり話題にしていない。先の『東国古墳時代埴輪生産組織の研究』の中では何カ所かにわたってここの埴輪に言及しているが、これ以外の関連書でも「特異さ」が論の対象になっている例を見ない。しかも『東国古墳時代埴輪生産組織の研究』でさえ、顎髭の特徴などについては述べているものの、それ以外は取り立てて「特異さ」を語ってはいない。

「このはにわ西洋人みたいだね」というような素朴な、初歩的な感想、そういう疑問は「学問的」ではないのだろうか。現に、この人物埴輪の出土地にある二つの「はにわ博物館」でも、「風貌は異国情緒にあふれて……」といったものの言い方はしていない。素人であればまず感じるであろうそんな角度からの疑問に立ち向かう発想を、もっと大切にしていいのではないだろうか。

学者の論文にない、博物館の解説にもない。「ない」というより、そういう発言は「厳につつしむこと」とどこかから「お触れ」でも出ているのだろうか。あえて避けられているのではないか、と思えるほどなのである。古墳を国際規模の視点で考察する、という発想は慎しまなければならないのだろうか。現在の一般的に通用するような「形態論」や「伝播論」ではどうにも説明できないこの「異常さ」が「あぶない」ということなのか。この「異常さ」にひとたび言及することになると、とんでもない「非常識」の世界に飛び込むことになってしまう。この埴輪の風体はこれまでの古代史概念・古墳文化論をはみ出していて、安直に語りだしてはいけないのか。

もしそうであるなら、「疑問」に立ち向かうべきという学問の最低限の論理から、古代学・古墳学は乖離してしまうということか。あるいは古代学・古墳学の先生方の集まりは、子供でも気づく「これ変わってるね」という素朴な疑問をも持てない「鈍なる集団」に過ぎないというのか。

この古墳の上空には皮肉にも世界を結ぶ飛行機の国際便が、手を伸ばせば届きそうな近さで飛んでいる。

ハロウィン風俗の帽子。ハロウィンはケルト人の精霊祭。古墳のルーツはどこ？

この帽子は「オズの魔法使い」？

「芝山はにわ」の特徴は、確かに立派な髭にもあるが、「帽子」の細長い高さにも目を奪われる。かなり幅広いツバを持っている。こんな形態の帽子はわが国の長い歴史の中に照らし合わせても見ることはできない。平安時代の男子の盛装の「烏帽子《えぼし》」も高さのせり上がりが違うし、「烏帽子」にはツバはない。最近の韓国の時代劇をテレビなどで見ると、中が高く、ツバのあるかぶり物を見かけるが、この埴輪のものと違っている。

帽子のみにこだわるとまず最初に「アンデス」の「ポンチョ」姿の風俗を思ってしまう。この風俗の源はスペイン・ポルトガルにあるだろうか。しかし、スペインやポルトガルのこういった帽子の形態はいつ頃から始まったのか。紀元前？　あるいは二・三世紀頃？　もっと後世？　こんな曖昧なことでは日本の古墳時代の「伝播」のイメージからは遠く離れてしまう。

あるいはユーラシア大陸とわが国とのつながりを語る場合、シルクロードのことが出てくる。ここに活動した人びとを時にソグド人といい、時に胡人《こじん》といい、ときに匈奴《きょうど》という。「胡人」を辞書で引くと、

中国、秦・漢ではもっぱら匈奴をさし、シルクロードの往来が盛んになると西域の諸民族を西胡または単に胡と呼び、唐では広く塞外民族をあらわす一方で、特に多くイラン人をさした。深目高鼻・青眼多鬚《たしゅ》の胡賈《こか》・胡商は西方の文物や慣習をもたらして中国文化の世界化に多大の役割をはたし、そ

れは日本にも及んだ。早く後漢の霊帝《れいてい》は胡服、胡帳、胡床、胡座、胡飲、胡箜篌《こくご》、胡笛、胡舞を好み、都下の貴族もそれにならった。こうした胡風趣味は唐代で著しく流行した。（平凡社『世界大百科事典』）

とある。そして「胡」といえば古墳時代にまで遡る様々な物質・文化が日本に入ってきており、胡楽・胡弓・胡桃・胡椒・胡座・胡紛……等々の記録がある。その中の「胡服」について同じく辞書で確認すると、

胡人の着る服の意。胡人とは、中国の戦国時代に北方辺境で活躍していた匈奴や鮮卑などの遊牧騎馬民族を指し、彼らの着用した筒袖、左衽《さじん》（左前）の上衣にズボンという二部式の衣服を胡服と称した。胡服は騎兵戦に適した服装であった。覇を競う戦国の王国の中で、趙の武霊王が北方の騎馬民族から胡服と騎射の風をとり入れ戦闘力を強化したと言われる。日本でも古墳時代の埴輪の服装にその様式がみられる。胡服は広くユーラシア大陸の内陸部から北方全域に広がり、今日の西洋式服装も源流は胡服に発している。中国人は当初、左衽の服として軽蔑したが、漢代以降胡服様式をとり入れ、襟のみ右前に変えて着用するようになった。

まさにこの説明どおりの様子がこの埴輪からもうかがえる。「芝山はにわ」を見ると、あの人の姿は中国の人でもなく朝鮮の人でもない。まさにヨーロッパの人種、またはそれとある程度同化混血している人たちと見るのが妥当である。

それにしても、ここに埴輪で表現された人たちは直接日本にやってきたソグド人なのだろうか。またアイルランドには、日本の古墳の原型を思わせる古代遺跡もある。

似合いますか？　この帽子

関東の埴輪工房

　すでに述べているが人物埴輪の文化は関東地方が中心である。埴輪工房、とりわけ人物埴輪を多く生産したとして知られている工房で生産されたのが、ここにあるような埴輪群である。

　これらは全て関東地方の工房で作られ、関東地方の古墳から出土したもののイメージ画である。驚くほど近現代のファッションに通じるものがある。

王冠を被った埴輪。高崎市八幡原出土（天理図書館蔵）

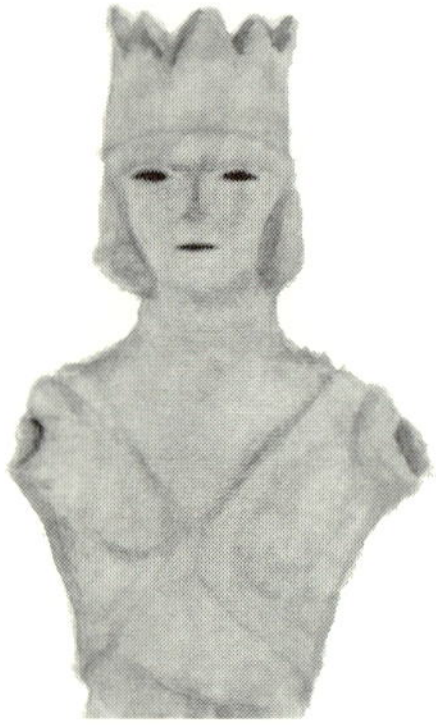

王冠を被る男。玉里船塚古墳の埴輪。

王冠を被る男。群馬県太田市世良田町 30 号墳埴輪群の内

1　関東の埴輪と「王冠」
――埴輪の「金冠」「王冠」は何を意味しているのか

古墳から「金冠」が発掘された例は多々見られる。頭部を巻く輪形。それは燦然《さんぜん》と輝く金銅製品の透かし彫りの飾り物で、何枚かが天をつくような形であしらってある、そんな形のものをよく見る。

あるいは茨城県行方郡玉造町（現、行方市沖洲）の三昧塚古墳から出土した馬形飾りの金銅製の冠などは馬とともに生きたその土地の首長の生前の姿を髣髴させる王冠である。馬をシンボルとして配するなど、東国で馬とともに生きた首長の威力を示しているのだろう（一九一頁の三昧塚古墳参照）。

あるいは、まさにトランプのキングの絵にある「王冠」そのものをかぶった埴輪が高崎市の八幡原《やわたばら》地区で出土している。その上特殊器台のような形の円筒形の上に円形の台座を敷いて、その上に右足を上に組んであぐらをかき、王冠をかぶっている座像である。左手は玉石で飾った儀礼用の大刀の身に手をかけ、右手は今にもこれを抜こうとする様子に見える。まさに土地の首長の様子である。群馬県太田市世良田町の世良田下諏訪遺跡の三十号墳、群馬県高崎市保渡《ほと》田町《だちょう》の保渡田八幡塚古墳、あるいは茨城県小美玉《おみたま》市上玉里山内の玉里舟塚古墳からも同様の王冠をかぶった埴輪が出土している。

2　古墳時代を見直そう

考古学は戦後になって急激に発達した。戦前の古代史は多く知ることを避ける方向にあった。戦前における古代は「神話」の時代だったからである。ではこの風潮は戦後になって改まっただろうか。確かに、発掘によって多くの貴重な遺跡・遺物の確認も進み古代史がより深く認識されることになったが、この事実は「古代史の真実を知ろう」という発想から始まったものではなく、高度経済成長の中での工業化・宅地化などの広域開発による時代の波によって促進された、遺跡・遺物の確認は副次的なものだったという方が当たっている。

一方、古代史での戦前のイメージは思いがけないくらい頑固なのである。その証拠に古墳などに関しての新発見があると、まず古代史の学問世界がバリアを張って、常套語句として「ヤマト王権の影響を受け」などと語る。古代史分野は「ヤマト王権（政権）」という言葉を出さないとその機構の意味が認められないという風潮の中にある。これは戦前での話ではない。戦後七十年も経過している現在においても同様である。

三・四世紀頃の「ヤマト王権」とは一体何なのか。とりわけ関東などでの発掘成果に思いがけない古さがあると、例の「ヤマト王権の影響……」がでてくる。こんな発想にいつまでも停滞するのではいけない。列島全体にダイナミックな文化交流があったのだ。その事実を語っているのが実は古墳という遺跡の存在なのであり、幸いなことに今でも全国各地にまだまだ多くの実物が残っているのである。

初期古墳の存在を含めてこれら遺跡は東国はもちろん、畿内も包含した上で、四国や九州各地との頻繁な交流のことを視野において考えるべきであろう。その際、改めて注目し直さなければならないのが海上の交流ルートであり、黒潮の流れのことである。

Ⅲ　明治が隠した古墳文化

1　近代の「日本古墳研究」はW・ゴーランドに始まった

示唆に富むゴーランドの古墳論

ウイリアム・ゴーランド肖像

イギリス東海岸サンダーランドに生まれたウイリアム・ガウランド（後に「ゴーランド」が一般的に使われるので引用部分は別にして以後、ゴーランドと表記）は、日本に招聘《しょうへい》され一八七二（明治五）年十月に大阪造幣寮（明治十年に造幣局と改称）の化学兼冶金技師として着任した。そして、一八八八（明治二十一）年十一月に雇用期限満了により帰国。その間、十六年ほどの日本での滞在だった。

ゴーランドは、日本陸軍省冶金関係特別顧問なども兼任し、わが国の民間の製鋼産業において大きな貢献をした。また、そうした公務に精励しながらも登山をはじめ、ボート漕法指導、日本画の収集など、多くの分野で精力的な活動をし、日本の山岳名「日本アルプス」の名はウェストンより以前に、このゴーランドが名づけたものといわれている。

それらの活動のなかでも、日本各地での古墳調査にはとりわけ多くの精力を注いだ。そして、イギリスへ帰国してからもなお研究を続け、イギリスでその成果を論文としてまとめている。

その著者『日本古墳文化論』（上田宏範校注・稲本忠雄訳、創元社・一九八一年刊）を見ると、ゴーランド自身が手がけた石室の展開図や、古墳外形の測量図、あるいは出土品等々の画像などは今日、各地の「発掘調査報告書」などに載っている図版と遜色ない。

　氏の作製した処の古墳の外形や石室の実測図の如きは従来日本の学者の未だ曽て試みなかった処の新しい測量法に依り、正確且つ明瞭に画かれたもので、此の如き図法は其の後に最近に至るまで日本人の試みるに至らなかった位で、今もなほその正確さに於いて学者の推重《すいちょう》する処である。

これは戦前の考古学界重鎮浜田耕作（号・青陵）によるゴーランドへの讃辞である。これを見ても日本考古学での論文の形式、あるいは実測図のあり方は、このゴーランドによってすでに確立していたことがわかる。なお、右の文章はゴーランドの訃報に対して一九二二（大正十一）年八月二十一日付の大阪朝日新聞に載った浜田耕作による追悼文「日本考古学会の恩人　ゴーランド氏」からの引用である。

この追悼文は戦後になって一九八一（昭和五十六）年にゴーランドの著書『日本古墳文化論』が翻訳出版されたとき、本に挟み込まれた「ゴーランドに寄せて」という刷り物のなかに再録されている。

なお、ゴーランドを知るにはこの本の他に写真・図版の多い大型本『ガウランド　日本考古学の父』（責任編集ヴィクター・ハリス／後藤和雄・朝日新聞社・大英博物館共同出版・二〇〇三年刊）がある。

ゴーランドの業績

ゴーランドは石室を持つ古墳を「ドルメン」と表現しており、ゴーランド自身、その著書『日本古墳文化論』のなかで、彼が調査したドルメンの数について、千基を超えていたと述べている。そして調査のため足跡の及んだ地域として以下のように述べる。

　大和、河内、摂津、近江、美濃等の近畿地方から、更に山陰、山陽の方面では出雲、石見、伯耆、備前、播磨の諸国、九州では日向、豊前、四国に於ては伊予、土佐等の各地にある古墳墓を調査し、其の或ものは発掘をも試みて其等に関する正確な科学的研究を行なった。

またこの引用部分には出てこないがその足跡は、ほかにも関東各地はもとより、東北は福島県、あるいは朝鮮半島にまで及んでの古墳調査であった。

ゴーランドは古墳時代とはいつ頃なのかを推定的に次のように述べている。

　ドルメンは全て間違いなく鉄器時代に属し、日本人が最初にドルメンを造ったのは明らかに金属を知った直後である。（その後の工芸品などとの比較において）ドルメンは八世紀以前と考えてよいと思う。

（中略）

日本人が、いつドルメンを造り始めたのか、その時期を直接に決めるには、信用に値する〝データ〟が不足していて、ずいぶんと難しい。だが、ドルメン築造が廃止された時から逆算して、ドルメンの築造が行われた期間の長さは計算できると思うし、また開始の時期も、一、二世紀の誤差に目をつむれば、確かめ得ると考える。

つまりほぼ現在「古墳時代」とされる時代をさして「ドルメンの造られた時代」であると推定していた。また、その時代の初期的な遺物が前時代と比較して、明らかに異質であることから「一気に異文化の渡来によってドルメン文化は始まったもの」と想定している。そしてまた、この文化には重要な拠点となるところが四地点あると述べ、以下の地名を挙げている。

①　九州の北および東＝北九州圏
②　出雲、伯耆、因幡＝出雲圏
③　大和、河内及び近隣＝大和圏
④　武蔵、上野、下野＝武蔵圏

これら四つの拠点を示した上で、ゴーランドは「金属細工の形、特に玉飾りや土器の形には、最も初期から歴史時代まで一貫性があるから、その侵入種族こそ、現日本人の祖先だと認めねばならない。移住が何回もあったのは明らかだが、それは親縁の種族だった」と、古墳が地域差を持って展開しているものではないことや、「やってきたもとの地はどこ、と決める材料はないが、ドルメンと埋葬墳が、朝鮮半島の対岸に多く分布することは、彼らがそこを通過して来たという考え方の、有力な証拠である」と論じつつ、以下のように続ける。

これら全ての圏におけるドルメン出土遺物が非常に似かよっていること、地方ごとに多少の修正が加えられたにもかかわらず室の構造及び形が似かよっていることなどは、結局、われわれが、一種族について研究せねばならないことを結論づけている。ごく少数の例外を別とすれば、武器も装飾品も土器も、ほとんど同じなのである。

つまり、古墳文化は、地域ごとに多少の違いはあっても基本的には一気に展開した異文化の渡来による同一形態の文化であると述べ、さらに以下のように語る。

日本のドルメン時代の特徴は、その初めから終わりまで、高度の文明と文化を有した点にあり、およそ野蛮とはかけはなれたものだったことが以上のことからわかるだろう。その間、この種族は、部族ごとに、国の最も豊かな所から原住民を追い出した上で、定住し結合した民族となって、やがて工芸の進歩に大きく貢献したのである。

彼らが到達した文明が、かくも高い段階にあったとすると、偉大な死者の埋葬室として、ドルメンを自然石で粗雑に構築したことは、いぶかしく思われるかも知れない。が、私が記述したこれらのドルメンからの出土遺物は、次のような結論を訴えている。風化した河原石や自然石がドルメンの築造に使われたのは明確な目的があったからだ。それは、おそらく宗教的な目的であろう。その意味は、なお明らかではないが、しかし、少なくとも、彼らが石を切る技術を知らなかったからではない。

これによれば「彼らが到達した文明が、かくも高い段階にあった」にもかかわらず「風化した河原石や自然石がドルメンの築造に使われた」というアンバランス、これは「おそらく宗教的な目的であろう。その意味は、なお明らかではないが、しかし、少なくとも、彼らが石を切る技術を知らなかったからではない」というのである。

ゴーランドの業績の重要さについて先に紹介した浜田耕作の書いた追悼文においても、その中ほどで、「此《かく》の如き氏の研究は永久に歴史的の価値あるのみならず、それ自ら不滅の学術的価値を有するものなるを認むるに吝《やぶさか》でない」と述べ、さらにその文末には、「シーボルト。モールス。ゴーランド及びマンロー等……諸氏が新しい考古学の建設に如何なる寄与をなし、従来の伝統に捕らはれた見地から離れて新しい科学的立脚地を求めんとした事を考へて、特にゴーランド氏が日本の古墳及び其の時代の研究に於いて一時期を画した偉業に至りては永久に忘るべからざる考古学界の恩人なるべきを感ずる」と最大限に讃えていて、このことは決して大げさなことではない。

2　ゴーランドの業績を生かせなかった日本

ところでゴーランドの功績を最大限に賞賛し、感謝の思いまで述べた同じ追悼文の中であるが、読んでいて気になったことがある。それは以下の部分である。

　氏（ゴーランド）はまた是等古墳の分布の上からして四個の中心を設定した。即ち九州、出雲、大和、武蔵即ちこれであるが、而も是等の中心とする地方の古墳墓は其の内容構造等に於いて相近似して唯一の人種の作ったものと認むるの外なく、決して別種族の作ったものではない事を説いてゐる。更に遺物の上から見て、彼は当時の文明が進歩してゐたに係はらず、石室等の構造に頗る粗大な石を用ひて築造したものあるは甚だ解し難いが、之は恐らくは宗教的の意味ありし結果ならんかと推《すゐ》した。是等の見解中には今日に於いても興味を惹くものを少しとせない。

　この部分をそのまま読めばゴーランドの立論をほぼその通りに述べたもののように理解してしまう。ところでここに至るまでには前提がある。「古墳の始まりのおおもと」に関して「一気に異文化の渡来によって」、なのか「他国からその方法を輸入したものでなく、自発的に国内で発達し」たのか、どちらの立場かによって意味が逆転してしまうということなのである。

　浜田はゴーランドの文章中の「古墳文化が渡来したものである」、との明確な表現を削って「自発的に国内で発達し」と言いかえ、そのうえで、ゴーランドが述べた「地方の古墳墓は其の内容構造等に於いて相近似して唯一の人種の作ったものと認むるの外なく、決して別種族の作ったものではない事」、および「石室の姿は宗教的の意味があってのこと」という言葉を部分引用してつなげているのである。

　これではゴーランドの文章を直接読んでいない者にとっては、「古墳は神話の国日本において自発的に発達した固有の文化」とゴーランドが述べていたように理解してしまう。つまり、そのような論のすり変えが行われていたのである。

日本の古墳文化は「渡来したもの」なのか、「自発的に国内で発達したもの」なのか、ゴーランドが正しいのか、浜田が正しいのか、私は今ここでそんなことを議論をしたいわけではない。ただ、ゴーランドの立論での重要な部分をはっきり改変しておいて、なお功績を高く評価するとの「追悼文」を書いている、そのことにここでは注目しないわけにはいかない。

日本国民は世界においてまれに見る純粋血族であるかのように語っておきたかった維新当時の為政者側からすれば、ゴーランドの立論である「(渡来した)この種族は、部族ごとに、国の最も豊かな所から原住民を追い出した上で、定住し結合した民族となって」とあるところなどは、意識を逆なでされるような見解であったに違いない。

ゴーランドは日本歴史学の問題点に気づいていた

ゴーランドは冥界にあって自分が追悼文のなかで賞讃されながら、その肝心なところを自身の立論とは全く違う形に歪めて書かれたことをどう思ったろうか。

実は、ゴーランドはすでに日本滞在中からこうなる可能性についてかなり明確に感じ取っていた可能性がある。ゴーランドが日本で古墳探訪をしていた当時、ゴーランド自身が、その活動に対して妙な圧迫感を感じていた。

ゴーランドが古墳研究をしていたため、危険視されていたことをうかがわせるエピソードがある。

皇子の墓域内で、一度、警官に捕まったことがある。私は、彼の許可なくして二度と発掘はしないことを約束させられた。日本滞在の終わり頃には、重要な古墳が存在するところはどこでも、私が到着すればすぐ一人が部署につくか、あるいは、近くにいることに気づいた。

（『ガウランド　日本考古学の父』より）

日本政府が「私の古墳研究を喜んでいない」、それがいつわらざる実感だったのである。ただ、ゴーランドの活動していた頃は、まだその風潮が鮮明になるわずかばかり前のことではあった。ゴーランドの帰国する前後、明治二十年頃になると、次第に様子が明確になり始めていた。

この当時二十五歳だった坪井正五郎はこれより早く「人類学会」を立ち上げる一人となって、まだ考古学という言葉もなかった時代から考古学的な分野での活動をし、すでに一八八六（明治十九）年には足利公園古墳群の発掘、翌年には埼玉県横見郡黒岩村、北吉見村の横穴調査などの活動をしていた。ところが、一八九八（明治三十一）年、東京の芝丸山古墳群調査をして以降、古墳調査については消極的になっていた。それというのも、それより早く一八八八（明治二十一）年に福岡県仲津郡の馬ヶ岳古墳を発掘していたときに宮内庁から注意を受けた経験があったからである（『日本考古学史』斎藤忠著）。この十年という歳月の中に、資料に現れない様々なことがあったことをうかがわせる。

日本国内にあって「歴史」の問題は軽々に語れなくなり、とりわけ「古墳」の問題については「日本国家の成り立ち」という問題とのからみもあって、このように日本の学者でさえほとんど手をつけることができなくなりはじめており、古墳研究に関して何ら先入観のない発想にあったはずのゴーランドにおいても、次第に古墳探訪そのものが微妙な問題となり始めていた。そのことをゴーランド自身が『日本古墳文化論』のなかで次のように語っている。

日本人は、神々の子孫として出現したとする。そして、大陸からの移住については、黙して何一つ語らない。初期日本人にとって、それこそ最大の出来事だったはずにもかかわらず。……日本古代の記録によれば、大和は初期における中央政府の所在地であったという。その支配者たちの首長は天皇の称号を持ち、全国をおおう最高権威を有するものとされた。しかし、これはドルメン時代前半に関する限り、議論の余地は十分ある。……これらの他地域のドルメン出土の遺物の方が、歴代朝廷があった大和圏出土の副葬品よりも、もっとすばらしい富と偉大さを示している。むろん、大和の支配者たちは、その後、これら他地域の上にも支配力を及ぼしたが、それはドルメン時代のかなりの期間が経過してのちである。……

彼はこのように古墳の造営されていた当時の日本を分析していたのである。

この見解は彼が実際に探訪しながらつぶさに得た実感であったのだが、次第に古墳を探求することが国策に合わず、それがかなり危ない状況であることを、彼は身を以て感じていたのだった。

日本民族の生活史上、きわめて重要なこの時期に関して、多くの疑問点が、あいまいなまま残った。それらの解明のためにも、また、ドルメン時代以前にまで歴史をさかのぼって跡づけるためにも、より以上の発掘調査が必要である。私は、幸運にも、大変有利な立場にあったおかげで、これらの調査ができたが、願わくば、その調査及びそこから私が引き出そうとした事実が、本学会の注意を向けていただくに値するものと見なされ、私がそうしたことを、よしと判断されんことを祈る。

ここにある「私は、幸運にも、大変有利な立場にあったおかげで」の表現のなかに、日本人自身の研究家が古墳から次第に遠ざかって行かざるを得なかった様子をうかがうことができる。「私がそうしたことを、よしと判断されんことを祈る」という彼の言葉のなかに、「余計な口出しをする危険な外国人」と見られ始めていた状況に対する悲しみの念がこめられているのである。

ゴーランド自身はその研究の成果を「日本国民のために残したかった」と述べる。しかし、彼は「古墳」に関する成果を日本滞在中には刊行できなかった。ただ、ゴーランド個人において日本での考古学的な多くの経験は、帰国後に大いに生かされ、母国においてストーンヘンジの研究家として活動するきっかけにもなったのだった。

英国に帰ったゴーランドにこんな話がある。イギリス中南部にあるストーンヘンジの巨大な石が不安定になっていたのを古代文化財協会の依頼によって修復することになったのだ。そのおり、彼は日本での古墳発掘で培った経験をもとにして、無事に工事を終わらせることができた。そして、その後、彼はドルメンやストーン・ヘンジの研究を続け、その方面の学者として成果を挙げてゆくのである。

彼は当時の日本の状況を鋭く見抜いていたのだと思う。そして、戦前の歴史学会は彼の業績を十分承知し、かつ評価しつつも、その状況についてはあえて無視した。こうした学会の風潮の延長上に、戦後、彼の著作物が出版されながらも、彼の名を知る人がほとんどいないという事実があるのだろう。

そのあたりのことを翻訳書『日本古墳文化論』（一九八一・昭和五十六年）の校注をした上田宏範はその本の巻末の「ウィリアム・ゴーランド小伝」のなかで次のように述べている。

教授（ゴーランド）の調査成果も学殖も、ともに当時のわが国の学者にはほとんど知られていなかった。本書に収録した一連の業績が発表・公刊されるのには、教授の帰国後なお十年近い年月を必要としたからである。しかも公刊されたのは海の向こうであり、日本ではごく限られた人々の眼にふれたばかりである。

また先に示した大正時代の「追悼文・浜田耕作」に再録されていた別刷りの「推せんの言葉をかねて」のなかで、右の筆者もゴーランドの「実績の理解が一般に及んでいなかった」事実について同様に「彼の著書がイギリスでなされたため親しまれなかったことも挙げられよう」と述べ、さらに推薦の辞として、戦後になってこのように翻訳出版が実現したことは「学会の一大快挙というべきであり、これが契機となり、ゴーランドの業績を見直すとともに、古墳の研究が前進することを期待するものである」と述べている。

ところで「日本であまり知られていない理由」が「公刊されたのは海の向こうであったから」と期せずして二人の人物が述べているのではあるが、はたして理由はそれだけなのだろうか。実質上、意図的な形でゴーランドを世に出すことに消極的な状況が戦後になってもなお当の歴史学界に根強くあったためだったのではないか。敬して遠ざけていたのではないか。

日本考古学会が彼の業績を意識しながらも取り上げてこなかった状況は、『年表で見る　日本の発掘・発見史①』（斎藤忠著・NHKブックス）において、モースの大森貝塚のことについては載せているにもかかわらず「ゴーランド」の名については一度も出てこない、こうした事実のなかに充分うかがうことができる。

しかし、過ぎたことを嘆いていてもしょうがない。ゴーランドについては『日本古墳文化論』『ガウランド　日本考古学の父』などが出版されているのは事実であり、それに加えて二〇〇七年には明治大学博物館で『ガウランド――日本考古学の父――』という特別展が行われている事実もある。

また二〇一二年七月にNHKスペシャルで大英博物館について三回にわたる特集が組まれ、その三回目「巨大古墳の謎」と題された放送は大英博物館に所蔵されている「一人のイギリス人が集めた、知られざる古墳時代のコレクションの調査から、新たな古墳時代の実像を探ろうとした」というテーマだった。ただ、この番組を見た感想としては日本の考古学の分野でゴーランドの果たした事実や意味、そして日本に滞在した当時の苦悩など、ほとんど知ることができなかったのは非常に残念である。

ゴーランドが「日本であまり知られていない」事実については今後しっかり確認し、そのことのもつ意味について考えてみる必要があるのではないか。

古墳に関して私はゴーランドの述べた次の言葉を思い出す。

他地域のドルメン出土の遺物の方が、歴代朝廷があった大和圏出土の副葬品よりも、もっとすばらしい富と偉大さを示している。むろん、大和の支配者たちは、その後、これら他地域の上にも支配力を及ぼしたが、それはドルメン時代のかなりの期間が経過してのちである。

つまり、ゴーランドは「大和圏だけが古墳の本場なのではない」という思いをもっていたことがわかる。埼玉県の稲荷山古墳が提示した「古代史を揺るがすような問題」に匹敵するような、あるいはそれを凌駕するような重大な出土品を内蔵しているであろうのに見すごされている古墳が、日本全国に数々あるのだ。言い方を変えれば「古墳」はほとんどが『日本書紀』に記載されている人物名とは無関係である、ということなのである。

Ⅳ　日本古墳学の現状

今、目で確認できる全ての古墳を数えれば、各県ごとに何千、何万と現存しているのである。ところが実際は、ほとんど研究されていないというのが実情である。

「〇〇古墳群」といわれて、そこに数十基の古墳があったとしても、発掘調査されているのはその中の一・二基を数えるのみである。しかも、石室の内部（主体部という）などが確認できているものは、盗掘を受けて崩れていたなどの何らかの瑕疵のあったものか、戦後の高度経済成長のなかで「宅地開発・道路建設・鉄道敷設」などによる破壊を前にした緊急発掘等による発掘調査なのであって、純粋な学問的な発想からの発掘はほとんど〇パーセントに近い数字なのではないかと思う。

二〇一六年五月一日、ＮＨＫの「古代遺跡透視」という番組があった。内容は古代エジプト・クフ王の墓であろうとされている大ピラミッドの謎を解き明かす国際共同研究プロジェクトが開始されたというものである。謎の多いピラミッドの内部を宇宙から飛んでくる素粒子のミュオンが物を通す性質を利用してレントゲン透視のような方法で、ピラミッド内部の構造を解き明かそうというもので、そのプロジェクトには名古屋大学特任教授の森島邦博という人も参加しているという。

これを見て思ったのは、壮大な計画への期待感と日本の技術力のすごさに驚く一方、エジプトもいいが、日本の古墳はどうなのだろうということであった。素人目には日本の古墳の内部も相当理解されているように思えるが、実は古墳内部に関する知識は江戸時代以前かなり盗掘されていることもあり、墳丘内部や、石室内部の状況がすでに立ち入ることのできる状況にあって、調査できるもの、あるいは事故で壊れていたもの、近現代のやむを得ない開発のともなう破壊が予定されているもの等々に限られている。

そうした中に思いがけず話題をうむ古墳に出会ったりする。たとえば、埼玉県の稲荷山古墳からはっきりした銘の刻まれた鉄剣が出たことはその代表的な例である。

「天皇陵を発掘せよ」の欺瞞性

ひと頃「天皇陵を発掘せよ」という本の出版とともに、専門家サイドからの声で天皇陵が発掘されれば、古代史の常識も変わりうる、という意見も活発になったことがあった。それはその通りなのだが、実は、この主張の中には「欺瞞性」が隠されている。

それというのも、確かに天皇陵とされる古墳はほとんどが未発掘であり、ほとんどが巨大であり、その内部の様子がわかればすばらしいとは思う。しかし、いわゆる天皇陵以外でもあらゆる古墳が新たな発掘することが実際上抑えられているのである。その理由は「古墳」は「墓」であり、死者の魂の安置されている所であるから、発掘調査といったことになじまない、というのが最大の理由のようなのである。発掘が「暴く」という不謹慎なことというのであればレーザーなどによる「透視」はどうなのか。「宇宙からの素粒子、ミュオン」とまではいかなくても、現在はかなり一般化している「透視」の技術は様々あるのではないか。でも現状はどれも「だめ」なのだろう。これというのも実際は、古墳の真実がわかってしまうと古代史の「常識」が全く変わってしまう恐れがあるからで、日本全国に夥しい「古墳」が外見のみの調査で放置されているということだけを見ても、すでに「現行古代史の虚」は見えているのだ。まして、内部がわかるなどということはあってはならないということなのだろう。

「天皇陵を発掘せよ」というのは一見、勇ましい発言のように見える要素を持っていながら、少なくとも古墳の現状を知っている専門家の言葉ではないだろう。専門家の言葉なら「天皇陵は一旦置くとしても、その他の古墳の調査を解放せよ」の方が、よっぽど現実的である。古代史の専門家も、さらに言えば「古墳学者」も歴史の解明、という点においては戦前の七十年はおろか、戦後の七十年も「自主規制」しているというのが実際なのである。

高度経済成長期の開発にともなう発掘は、当該する市町村の担当者は数名で、専門の大学の学部や財団などに発掘を依頼できる件数はごくわずかだった。それでもその時期に確認された出土品は膨大で、各市町村の博物館や資料館の保管庫は未処理に近い発掘品でいっぱいである。この保管庫にあるもののほとんどがこの時期のものだろう。このように現在の「古墳学」は偶然によるおこぼれで成り立っているのだ。

古墳概要の説明などを読んで、現存する古墳に「調査・発掘」という文字があっても、あるいは現在発掘中、と言われるものがあっても、それは古墳の外形的な測量や、古墳の裾部に「トレンチ（試掘）」を入れて、測量的な資料を得るか、周囲に散乱していた埴輪片を採取する程度のものが多い。数少ない学問的な見地での本格的な発掘、と見えてもほとんどがせいぜいこの程度のものなのだ。

終章　「古代史の虚」が国を滅ぼす

戦後七十年に残った「近代の影」

1 「戦前」という「七十年」

二〇一五年、たびたび「戦後七十年」という言葉を聞いた。しかしどこか空虚だった。それはなぜか。「戦後」というからには「戦前」という対応する言葉があって、この二つが対の形でそろったとき具体的な意味が出てくるのではないか。それなのに、この「戦後七十年」の流行語の中で展開していた風潮には「戦前」がどういう時代だったかを改めて振り返るという視点が欠落していた。

戦後七十年という言葉の対語としてまず「戦前七十年」という言葉をここに想定してみたい。この言葉の終着点は一九四五（昭和二十）年八月、ということで「無条件降伏」、つまり敗戦の時点であって、これを逆算して七十年前に遡ると一八七五年ということになり、これは明治八年のことになる。いわゆる明治維新の混乱が多少収まりかけてきて、前年に民撰議院設立建白書が出され、そしてこの年には立憲体制樹立の旨の詔勅が出された。いよいよ、近代国家が動き出そうか、という頃だったと言っていいだろう。詔勅には「今日小康を得たり」といささか混乱が治まったことが述べられている。

詔勅のそのものの趣旨は、

五箇条の誓文を神々に誓い、国是を定め万民保全の道を求めた。まだ再建の日は浅く、様々な点でなお努力が必要であり、ここに元老院を設けて立法の源泉を広め、大審院を置いて審判権を確立し、また地方官を召集して民情を通じ公益を図り、徐々に国家立憲の政体を立て、皆とともに喜びをわかちたいので、わが趣旨に従って補佐するように。

といった意味で、いよいよここから新しい国家を作り出していこう、という天皇からの呼びかけだった。そしてこの詔勅が出されてから紆余曲折を経て七十年を経過したのが一九四五年という年だった。

私は「戦後七十年」という言葉を語るとき、量的には全く同じ時間になるこの「戦前」という七十年を常に対比しながら考えてみる必要があるように思う。語り出しに「どこか空虚」という表現を使ったのはこの対比という感覚が見えないまま、情緒的に「戦後七十年」という言葉のみがマスコミを中心に展開されていたような気がするからである。

戦争への道

先に第一章で近代の戦争への道について述べた。

一つ目の七十年、つまり「戦前」とは、明治・大正・昭和（前半）と経て形成されたわが国の「近代」と呼ばれる期間のことでもある。そしてその総決算が「敗戦」だったのである。

この明治・大正・昭和（前半）という時代がどのように懐かしいのか、あるいはひどかったのか、それを思い出のように語ってみたところであまり意味はない。しかし、あった事実を冷静に見つめ、そこに、これからのための分析を加えることは必要である。特に「負の遺産」については「反省」がなければ、今後への橋渡しにはならないのである。

この戦前という七十年は「近代」という名詞でも括られる。開国・欧米への追随と敵対・富国強兵、そして敗戦……。言うなら激動と変転の、良くも悪くもめまぐるしい時の流れだった。

2　戦後の七十年

一方、「戦後七十年」はどうだったのだろう。この七十年は「現代」という言葉でも括られる。「戦前」の激動ぶりに比べると、「戦後」は平板に見え、うっかりすると両者が同じ量の時の経過とは思いにくい。それはついつい高度経済成長、という言葉に括られる右肩上がりの時の経過を思うがゆえだろう。一方の戦前という七十年は変転に富み、常に「戦争」という影を背後に抱えていた。そして敗戦があまりにも悲惨だったことを思うにつけて、もう一つの七十年は「復興」という言葉の方に夢と希望が見えていたのだろう。敗戦から十年目の頃、昭和三十年代になって「もはや戦後ではない」という言葉を聞いた。

現に、「昭和三十年・四十年」その頃、神武景気、岩戸景気などの名で呼ばれた高度経済成長が続き、いまさら戦前を振り返る意味などないような状況だった。「東洋一の○○」という言葉も踊った。景気は常に上向きだった。それらの間にバブル崩壊という事態に至ったがそれでも、技術革新は続き、様々な分野での躍進が目に見え、さらに「東洋」を超え「世界一の○○」という言葉さえ使われることも珍しくなくなっていった。そうこうしている内に早くも、七十年。

表面的には戦前の激動とは比較にならない「平穏」という言葉がふさわしい七十年だったと言えるだろう。

しかし、この間「平穏」の中に包みこんだまま、残して来てしまった問題があった。日本という国自体が重大な何かを忘れ物したまま、しかもその忘れ物が何だったのかを十分検討することのないまま時をやり過ごしてしまっている、そんなことを思わないではいられないのである。

これらはうっかりしているうちに、というのではなく、ひょっとするとしっかり分析し、清算されなければならないことだとわかっていながら、そのことを「避けつつ、先送りしたまま」放置してきた七十年だったような気がするのである。

戦後七十年の忘れ物とその中身

放置してきてしまった「問題」とは何か。「国の歴史」、そして焦点を絞れば「古代」という概念に関わる歴史認識のこと、そのことを私は問題にしたい。

わが国には古代を語る『古事記』『日本書紀』という書物がある。この書物に責任はないのであるが、この両書に書かれたある部分を拡大解釈して日本の「古代史」であると語ったのが近代が作った「国史」という名の古代史像だった。

王政復古を掲げ富国強兵のスローガンとの抱き合わせの中で明治政府は教育の充実をめざした。言葉を変えれば、教育を思想統制の道具に使ったのだった。教育を通して神話を歴史と語る「国史」がそれである。

このあたりのことについては第一章で近代国家発足における「修史」、そして「教育の重視」の項目を設けて述べたことなので、多くを繰り返さないが、なされた「国の歴史」に関わる政策が、明治、大正、昭和と流れるにつれて、年ごとにより強く国民の心を縛り、戦争へのむかってゆく力となるように利用された。戦局が立ちゆかない事態に至っても、「御国のために」という言葉のもとで民心を鼓舞し続けるという事態の末に「敗戦」となった。

「神話」は削られたが

戦前、国民をマインドコントロールしながら「戦争」へ駆り立てた歴史問題に関して「戦後」はどうだったただろう。

一九四五（昭和二十）年八月十五日、「終戦の詔勅」によって国民はポツダム宣言を受諾した事実を知らされた。それは戦勝国側の「無条件降伏」を勧告した内容だった。

その年九月、「終戦の詔勅」の後に文部省から「新日本建設ノ教育方針」が出された。

根本的な理念に「従来ノ戦争遂行ノ要請ニ基ク教育施策ヲ一掃シテ文化国家、道義国家建設ノ根基ニ培フ文教諸施策ノ実行」とあって、その後に一〜十一の実施項目が掲げられている。

ここには戦後における最大の理念となる「平和国家ノ建設」という言葉がある。ただその反面「国体の護持」という戦前の歴史教育を否定しきっていない言葉も使われていた。そして教科書に関しては「新教育方針ニ即応シテ根本的改訂ヲ断行シナケレバナラナイガ差当リ訂正削除スベキ部分ヲ指示シテ」とあって将来改訂されるまで「これまでの訂正削除すべき部分を指示す」とある。

これはかつての国定教科書の軍国主義的な記事や神話で語られた建国の部分が墨で塗りつぶされるという形で実施された。ただこれは国の歴史から「神話による建国」の部分を取り除いたという程度に過ぎなかった。そしてそれがその後「戦後七十年」という時間経過の中で、「大和朝廷」といった発想の修正を意図する様々な議論もされながら、結局「戦前の古代史観」は繰り返し頭をもたげて今日に至っている。

たしかに「大和朝廷」という言葉は「ヤマト王権」「倭王権」などに取って代わっている。しかし、根底のイリュージョンは変わらず、いまだに語られ続けているのである。

いわば戦前の「戦争への道」の基本理念となっていた部分がさほど修正されないまま現実の国の歴史概念の中になお生きていると言えるだろう。

出ては消される

戦前でも「古代史」について危惧論、修正すべきとの意見は出ていた。例えば、すでに一八八三（明治十六）年には三宅米吉が「小学歴史科ニ関スル一考察」で『記・紀』が古伝を集めて編纂されたものなので、これによって天地の始まりを語るのは筋が違う、という意味のことを述べているし、あるいは文部省そのものが一八八八（明治二十一）年に刊行した『皇統小学読本（読本、は国語の教科書）』の中で歴史を語る際、「古代の記録（『記・紀』を指している）は十分信ずるに足るものではなく、古物を研究する学問（現在の考古学など）」によって研究する必要もある、といったことを述べている。

一八九二（明治二十五）年の久米邦武による「神道ハ祭天ノ古俗」という論文がもとになって帝国大学

教授を辞することになった筆禍事件はよく知られ、また時に修史事業に携わっていた重野安繹もこの事件に影響を受け同じく帝国大学教授を辞職するとともに、一緒に携わっていた修史事業も中止されることになった。

先に示した森鷗外の「かのやうに」はそうした危惧に根ざした作品だったのだろう。しかし、この鷗外を含めて「国史」を推進してゆく力には勝てず、時代はますます建国を神話から語り、その背景を支えた検定教科書の力は、国民をリードし続けていくのである。

一九四〇（昭和十五）年には津田左右吉が『記・紀』という書物批判をしたことで彼の著作した『古事記及び日本書紀の研究』『神代史の研究』『日本上代史研究』『上代日本の社会及思想』の四冊は発売禁止の処分とされ、早稲田大学教授も辞職ということになった。

これらも全て「戦前」という時の流れの中にあったことであるが、こういった意識の流れは「戦後」になって払拭されたのだろうか。はっきり権力が表に出てのあからさまな弾圧、という形はとらないまでも戦後においてもイリュージョンに合わないものを排除する、という状況は続いていると私は思っている。

例えば戦後すぐの出来事として、一九四八（昭和二十三）年に出された江上波夫の『騎馬民族日本征服論』の問題がある。こういった新論に対して細かい点で議論がなされ、反論が出るのはむしろ当然なのだが、そういった健全な論争というより、感情的に排除されたという印象の方が強いと、私には思える。また別の排除例として様々な古代史家によって葛城王朝・崇神王朝・応神王朝・河内王権・継体王朝等々、戦前の古代史のイメージに一石を投じた論文が多く出された時期があった。しかしこれらもその論の内容以前に、「独りよがり」というような扱いの中で、その主張の是非が展開されないまま抹殺、黙殺という形で、どれもいつの間にか消え去っているという印象が強い。いずれも「大和朝廷論」を根底から揺るがすような理論であるという理由による。

第二章で『日本書紀』の解析を行い「層の構造」を述べ、さらに二つの視点を添えて『日本書紀』を解析することを試みた。簡単に振り返るとその一つは『日本書紀』に使われた暦のことを詳細に検討した小川清彦氏の意見であり、もう一つは『日本書紀』の漢文文体の特徴について述べた森博達氏の説に関してである。

前者は一九九七年に刊行された『小川清彦著作集・古天文・暦日の研究』（編者斉藤国治）によってその主張がわかるが、実はこの文章は戦時中に書かれたが日の目を見ず、戦後になってその手作りの印刷物が見つかり、内容の理解者によって著作集が編まれたものだった。

後者は一九九九年・二〇一一年に刊行された『日本書紀の謎を解く』（中公新書）、『日本書紀成立の真実』（中央公論新社刊）などによって『日本書紀』の読み方についての見解を発表したものだった。両者は偶然だが共通する二つの要素を持っていた。

一点目は、真実とは違うイメージで利用され続けてきた『日本書紀』について、正しく読むための重要な視点を提供したという点である。

二点目は、その正しい視点を提供したものの、それがために逆に歴史学界の主流から疎まれているということである。

戦前の歴史を懐かしがる人は「文献」としての『記・紀』、とりわけ『日本書紀』を古代学の基本的歴史資料であると固執しながら「イリュージョン」から抜け出せずに「戦後七十年」の年月を重ねており「戦前」の「国史」はわれわれの日常に大きく今なお巣喰っているのである。

3　無理が通れば道理引っ込む

この標題は、過去に日本中を覆い、そしてまたぞろ、似た状況が動き出している現在の世相のことを皮肉るためのことわざではないかと、ふと思ってしまう。

この言葉の意味は「周囲にお構いなしに横車を押し」ても巨大な力があって、その方向から「これが方針だ」という声がかかれば、そこに「不合理」を感じても黙ってしまう。そういうパターンを語る言葉だろう。

世の中が裕福で事がスムーズに展開しているときは底部に横たわっている「不合理」はあまり目立たない。しかし、実はそういうときほど危険なのだろう。そういう時代ほど、ある力を持った者が、こっそり、そしてしっかり、私欲を肥やしているのである。

少なくとも、集団社会にあって、複数の人が共通して「問題」と感じるようなことは「話し合う」「議論する」「協議しあう」対象にならなければならない。「言わぬが華」ではいけないだろう。

表面を覆っていた一見「余裕」と見られるベールの奥に潜在していた不合理は、世の中が左前になってくると、人の許容に堪えられなくなり、いやでも表面化してくる。そして、その淵源は十年も二十年も前からすでにあって展開していたという場合も珍しくない。

社会に不合理が目立ち始め、庶民が実は疲弊に追いやられていたことや、自然な発言も抑えられていることなどに気づき始め、不平、不安、改革を叫んでも、すでに事は大きなうねりの中で制御を超えたエネルギーとなっていて、溜まっていた「つけ」は容赦なく時代の波として、庶民の生活に襲いかかってくる。

昨今、身辺にそうした過去の弊害に類似した現象が集積して見られるような気がする。力を持った者の横暴・無責任、それによる組織そのものの崩壊現象である。これは、国そのものが類似現象の中にあることの縮図なのではないか。

例えば「年金機構」の問題等である。これは国の重大な組織の中にはびこっていた怠慢、無責任体制そのものである。これは国そのものが「危機的状況」にあることを示唆しているのではないだろうか。

戦前における無理を通して道理が引っ込んでしまった重大な問題の実例を挙げてみれば、国民の耳目を塞ぎ、途中の修正も効かないまま「お国のため」という言葉のエネルギーのもとに国民を鼓舞し、「戦争」に突入した。それこそ無理を通して道理が引っ込んでしまった大きな実例と言えるだろう。

道理が引っ込んでしまった結果はどうなったか。国民は無差別とも言える空襲に見舞われ、その上二度にわたる原子爆弾さえ投下されるという悲惨な体験を強いられた。そして、こうした時代背景に、わが国の「歴史」理解の問題がからんでいたことをもう一度見つめ直す必要があるだろう。

私は二〇一五年という年に「戦後七十年」という言葉が飛び交ったことを思いつつ、この言葉の流行の陰に、表向き「平和の大切さ」を語りながら一方で意図的に「戦争への道の七十年」を語るのを避けていた思考の虚偽性が存在しているのではないかとさえ思えてしまう。「平和」を語るのは正論のはずだが、承知しながら戦争に至った原因を語らない「平和論」は空虚であり、時には「欺瞞」とさえ思えるのである。

この七十年に、あと十年を加えたとき、つまり八十年になったとき、この「時間」は、明治維新から敗戦までの「時間」と全く同じ時間になって重なることになる。

前回の八十年は「敗戦」という結末だった。では、今からやってくるはずの「戦後八十年」とははたしてどんな結末を用意しているのだろう。

4 「戦後」総決算はこれから

・「戦後八十年」まで残された数年
・再び来るのか「大敗戦」と崩壊への道

二〇一五年の流行語とも言える「戦後七十年」という言葉が下火になりかける頃から、時代の波の中に浮かび上がってきた現象がある。それは「企業」や公の「組織」などの無責任体制と、虚偽の体制による様々なほころびがまとまって目につき始めたことである。「年金問題」「オリンピックの競技場」などでの無責任体制等々、あるいは日本を代表するような大企業の行き詰まりと崩壊現象、これらに共通するのは、ことの根源が昨日今日に始まったものではなく、「戦後」という長い時間の中で一見華やかそうな高度経済成長といった言葉の陰で、誰も指摘しないで、いつかはほころびるだろうという要素を持ちながら、上向きの時代性が覆い隠して続いてきた「虚偽の集積」ということだったのではないか。

景気がいいんだからそっとしておけ、言わぬが華、そんな状態で二十年・三十年・五十年と続いてきたものが、その欺瞞性では支えられなくなって、音を立てて崩壊し始めてきている、そういった状況なのだ。

日本人はきまじめで、優秀、という自己評価の中で「ついうっかり」ということも含めて今、崩壊の方向に突き進んでいるのではないか。

こうした「企業」「組織」の持っていた指摘し合わない体制と全く共通するのが、「日本古代史」の世界である。そしていまその「虚像」の中にがんじがらめになりはじめているのではないか。とりわけ東京電力の福島第一原発事故ではメルトダウンの公表が遅れ、その後の事態は「復興」の言葉をも拒む深刻さであり、とりかえしのつかない禍根をのこしている。

言うなら「日本」という国は戦後という期間を「虚」の体制の中で過ごしてきてしまったため、その「危うさ」の「飽和期」にさしかかっている。これからのおよそ十年が「崩壊」か「再生」かの岐路にあるとも言える時代なのではないかと思われる。再び「一億総玉砕」ということにならないように、私たちは心しなければならない。

〈著者略歴〉

相原 精次（あいはら・せいじ）

1942年生まれ。主要著書に『文覚上人一代記』（青蛙房）、『かながわの滝』（神奈川新聞社）、以下彩流社『みちのく伝承』、『文覚上人の軌跡』、『かながわの酒』、『鎌倉史の謎』、『神奈川の古墳散歩』、『天平の母　天平の子』、『増補改訂版 関東古墳散歩』、『東北古墳探訪』、『平城京への道　天平文化をつくった人々』、『古墳が語る古代史の「虚」　呪縛された歴史学』、『千曲川古墳散歩 古墳文化の伝播をたどる』がある。

捏造の日本古代史

日本書紀の解析と古墳分布の実態から解く

2017年 4月8日 初版第1刷発行

■著者　相原精次

■発行者　塚田敬幸

■発行所　えにし書房株式会社

〒102-0074 東京都千代田区九段南 2-2-7 北の丸ビル 3F

TEL 03-6261-4369　FAX 03-6261-4379

ウェブサイト　http://www.enishishobo.co.jp

E-mail　info@enishishobo.co.jp

■印刷／製本　モリモト印刷株式会社

■装幀　加藤俊二（プラス・アルファ）

■DTP　板垣由佳

ⓒ 2017 Seiji Aihara　ISBN978-4-908073-35-9　C0021